La Bataille de l'Yser

Pierre Nothomb

Édition : BoD • Books on Demand GmbH, In de Tarpen 42, 22848 Norderstedt (Allemagne)
Impression : Libri Plureos GmbH, Friedensallee 273, 22763 Hamburg (Allemagne)
ISBN : 978-2-3225-3972-7
Dépôt légal : août 2024

LA BATAILLE DE L'YSER[1]

I

Les journées qui suivirent le 7 octobre 1914 compteront parmi les plus tragiques de l'histoire de Belgique. L'évacuation d'Anvers avait commencé dans la nuit. Silencieusement et en bon ordre, l'armée avait franchi l'Escaut sur le pont de bateaux de Sainte-Anne, et cheminait, par le Nord de la Flandre, vers la côte. Le Gouvernement était parti pour Ostende. Le Roi marchait avec ses troupes, cantonnant dans les villages au milieu d'elles. A l'arrière grondait, en un fracas ininterrompu, le bombardement de la forteresse. Au Sud, les canons allemands forçaient le passage de l'Escaut, et d'épais régimens montaient déjà vers Lokeren. Il fallait les contenir énergiquement pour ne pas être coupés ou rejetés en Hollande. On allait, entre leurs masses grandissantes et la frontière, hommes, chevaux, canons, matériel, équipages, serrés comme en un couloir, sans cesse menacés sur la gauche, ne disposant que d'une ligne de chemin de fer à voie unique. Le 9, à midi, le bombardement cessa. On sut qu'Anvers allait tomber. La 2e division d'armée restée dans la ville et les marins anglais arrivés le 5 pour renforcer la garnison avaient pris, à leur tour, à travers les périls croissant, le chemin de la retraite. Heureusement, la 7e division britannique et la brigade française des fusiliers marins inquiétaient-elles devant Gand le flanc de la 4e division d'Ersatz et de la 37e brigade de landwehr qui, continuant à s'avancer vers la frontière hollandaise, risquaient de barrer la route à nos dernières unités. Celles-ci passèrent sans grandes pertes. Le 9, au soir, le gros de l'armée se trouvait derrière le canal de Terneuzen, le 10 à l'Ouest du canal de Schipdonck. Nous aurions pu nous y retrancher, mais l'aile gauche française, poursuivant son mouvement vers le Nord, n'avait pas encore dépassé Arras : il y aurait eu entre elle et nous un espace vide par lequel auraient pu faire irruption vers Calais l'armée de siège d'Anvers et quatre corps allemands de nouvelle formation, — les XXIIe, XXIIIe, XXVIe et XXVIIe, — qui venaient d'arriver en Belgique.

Aussi bien, allions-nous encore lutter ? Le repos ne nous était-il pas nécessaire ? Depuis le début d'août notre armée se battait sans répit. Certains régimens n'avaient plus eu, depuis cinq semaines, un jour ou une nuit de repos. La défense héroïque de Liège, sitôt suivie d'une longue retraite sur Anvers, de glorieuses et utiles sorties, toutes terminées par un dur mouvement de recul vers la protection des forts, l'énervement d'un long siège, ce départ dramatique par le dernier chemin qui fût libre, la fatigue, la faim, le déchirement d'abandonner à chacun de ses pas un peu du sol natal, tout cela avait fait, semblait-il, des fantômes de nos soldats. Le mot de repos que l'on prononçait désolait ces intrépides, mais consolait ces épuisés. Encore deux jours de marche, puis le repos ! Déjà, à Anvers et à Melle, l'Angleterre et la France nous avaient ôté, par d'héroïques combats à nos côtés, la sensation désespérante d'être seuls. Elles allaient maintenant nous remplacer quelques semaines sur les derniers carrés de notre terre, — si on ne portait pas plus au Sud la ligne de la résistance.

Routes de Flandre dans l'automne rouge. Anvers tombée, c'est une digue qui se rompt : une marée d'hommes déferle de l'Est et du Nord. Déjà, l'une de nos deux provinces restées libres est submergée. Devant la houle qui descend, refluent vers Ostende, Dunkerque et Ypres les derniers défenseurs de l'Escaut. D'un pas élastique et alerte, les fusiliers marins gagnent le pays maritime. Leur bonne humeur enchante, comme un espoir nouveau, les placides bourgs qu'ils traversent. Longues colonnes couleur de terre, les régimens anglais, qui semblent avoir peu souffert, scandent de leur marche régulière le silence des soirs mouillés. Et d'Eecloo à Ostende, et d'Ostende à Nieuport, se poursuit, monotone et poignante, la procession des fantômes.

J'ai vu. J'ai vu le défilé qui recommençait toujours. J'ai vu les fantassins, raidis au passage des chefs et à la traversée des villages, tomber au bord des routes, aux courts instants d'arrêt, comme des masses sans pensée. « Nous sommes des morts vivans, » disaient-ils volontiers. J'ai vu les cyclistes têtus, vêtus de tuniques disparates et rapiécées, les joues noircies par la poussière, continuer de pédaler sur les gros pavés inégaux, comme jadis dans les patrouilles et les surprises. Et les canons déjà usés, patinés par la poudre et la gloire, et les caissons rebondissans, — et souvent vides, — et les cavaliers, galvanisés dans leur lassitude par les alertes d'arrière-garde. J'ai vu Ostende contractée se vider peu à peu, les foules encombrer les quais, les bateaux partir au milieu des pleurs et des cris. J'ai vu désarmer nos soldats territoriaux, les gardes civiques, qu'on licenciait brusquement, ne pouvant les employer hors frontières, et qui pleuraient en rendant leurs fusils. J'ai vu le Roi quitter la ville au petit jour, à cheval, par la route qui suit la plage, entouré de quelques officiers, et saluant, à droite et à gauche avec un sourire forcé, plus triste que les larmes. J'eus le sentiment que c'était fini.

Le lendemain, — 14 octobre, — à Nieuport, je le croisai sur la digue. Il causait, un peu penché, avec un aide de camp. Je lui vis le regard résolu, le visage calme, le geste décidé. Un *Taube* venait vers la mer, des profondeurs de la Flandre, suivant la ligne de l'Yser. La marée, remontant le petit chenal entre les estacades, semblait vouloir, impatiente, au-delà du petit port tranquille, envahir la plaine. Des fumées mystérieuses montaient à l'horizon des eaux. On sentait que quelque chose, depuis la veille, avait changé.

Les régimens pourtant continuaient leur retraite. Il n'y a pas de route dans les grandes dunes du rivage : ils longeaient le chemin des grèves. Sur les bancs de sable, entre les flaques, sac au dos, fusil à l'épaule, bien rangés, mais un peu lents, ils avançaient, bataillons par bataillons, précédés des majors à cheval, en un cortège incessant. Un nuage tomba au ras du sable. On les voyait l'un après l'autre sortir de la brume, rentrer dans la brume, comme une armée de légende. Au loin, le phare de Dunkerque, prématurément allumé dès le crépuscule à cause du brouillard, dévoilait régulièrement son feu tournant : Dunkerque, un peu de paille, la trêve, la fin provisoire de tant de misères, — le repos… C'est alors…

C'est alors que, d'un bout à l'autre de la colonne, un ordre courut. On s'arrêta. Devant La Panne, assis sur les sacs, un régiment de ligne attendait. Je causais avec des soldats. J'entendis un officier auprès de moi dire à ses hommes : « Mes enfans, ce n'est pas encore le repos, il y a encore un petit effort à donner sur l'Yser… Un petit effort, » répétait-il. Il avait pitié d'eux, tout en étant sûr d'eux ; il leur parlait avec cette douceur si émouvante chez ceux qui doivent être durs d'habitude, et qui ont souffert. — « Nous avons déjà fait tant de choses, mon commandant, dit un sergent, nous ne pouvons plus… » Mais tout aussitôt ils s'en retournèrent.

Seules continuèrent vers la France nos troupes dites de forteresse, miliciens des vieilles classes, employés, pendant la première partie de la campagne, à occuper à Anvers l'arrière et les intervalles des forts. Braves, mais n'ayant pas la cohésion de l'armée active, la retraite les avait désorientés et un peu débandés. On les vit pendant plusieurs jours, mêlés aux paysans en fuite, encombrer les chemins de la frontière, les routes de Calais, où on les rallia. Ils étaient quelques milliers que l'épreuve avait rendus lamentables, dont le ressort, semblait-il, avait été momentanément cassé. Ils se ressaisirent d'ailleurs sans tarder. Mais, pendant une semaine, ils donnèrent aux populations du Nord l'impression, — on ne voyait qu'eux, — que l'armée belge était au front remplacée par des troupes fraîches des nations alliées, — et que l'armée belge était finie.

II

Le 15 octobre, l'armée de campagne était installée sur l'Yser. Le Roi venait de lui adresser sa proclamation fameuse : « Soldats, voilà deux mois et davantage que vous combattez pour la plus juste des causes, pour vos foyers, pour l'indépendance nationale. Vous avez contenu les armées ennemies, subi trois sièges, effectué plusieurs sorties, opéré sans pertes une longue retraite par un couloir étroit. Jusqu'ici vous étiez isolés dans cette lutte immense. Vous vous trouvez maintenant aux côtés des vaillantes armées françaises et anglaises. Il vous appartient, par la ténacité et la bravoure dont vous avez donné tant de preuves, de soutenir la réputation de nos armes. Notre honneur national est engagé. Soldats, envisagez l'avenir avec confiance, luttez avec courage. Que dans les positions où je vous placerai vos regards se portent uniquement en avant, et considérez comme traître à la patrie celui qui prononcera le mot de retraite sans que l'ordre formel en soit donné. Le moment est venu, avec l'aide de nos puissans Alliés, de chasser du sol de notre chère patrie l'ennemi qui l'a envahie au mépris de ses engagemens et des droits sacrés d'un peuple libre ! »

La lecture, dans les tranchées fraîchement creusées, de ces paroles simples et chaudes avait relevé les courages. Comme au début de la guerre, ces régimens récemment réorganisés, insuffisamment encadrés, mélangés, depuis quelques jours à peine, d'élémens nouveaux hâtivement formés, se sentaient prêts à tous les sacrifices. Ils s'étaient crus abattus : l'appel du Roi les ressuscitait. Au sursaut d'indignation qui les avait dressés naguère devant l'insolente prétention du colosse s'ajoutaient, pour exalter leurs énergies, leur confiance renouvelée et le sentiment de leur gloire. On s'arrêtait enfin après tant de jours, on tenait tête, on faisait face ! On allait, après la victoire, marcher de l'avant. Des renforts puissans, dans un jour, dans deux jours tout au plus, allaient arriver. On était une aile de l'immense front, on était un coin de la grande bataille. Et l'on se battait sur le sol sacré, on gardait libre, tout au moins, une parcelle de la Patrie, qu'il fallait à tout prix conserver vivante. Enfin la position de l'Yser semblait sûre.

Les yeux fixés vers le Nord, les soldats voyaient déjà la menace apparaître ; l'oreille tendue vers le Sud, il leur semblait entendre la victoire monter. S'allongeant d'Arras à la Bassée, de la Bassée à la Lys, l'armée française approchait chaque jour, tendant à se souder à la nôtre. Sa cavalerie opérait autour de Lille. Deux divisions territoriales tenaient les abords d'Ypres ; quatre corps anglais, récemment débarqués à Hazebrouck et Saint-Omer, s'intercalaient entre les Français et nous. On percevait, sur les chemins qui vont de Kemmel et de l'Yperlée vers Staden et Roulers, le galop de la cavalerie britannique. La petite armée, jusque-là, toujours livrée à elle-même, n'était plus seule : elle donnait la main aux plus belles armées du monde ! Affaiblie par des combats incessans, elle ne comptait plus que quarante-huit mille fusils. Avec la brigade Ronarch qui avait été placée sous les ordres du Quartier général belge, cela faisait cinquante-quatre mille combattans. Ils étaient échelonnés sur trente-six kilomètres. De Boesinghe a la mer leur ligne suivait du Sud au Nord le canal d'Ypres a l'Yser, jusqu'à l'ancien fort de Knocke, et prenait ensuite jusqu'à son embouchure le tracé du fleuve lui-même. Quoique la densité des troupes fût bien faible pour l'étendue à défendre, elles se sentaient bien appuyées à la côte, bien Accrochées au cours d'eau, sûres d'elles-mêmes comme des autres.

En réalité, le front des Alliés n'était guère solide. On n'avait eu le temps ni de le renforcer, ni de le retrancher. Nul ne sut d'abord quelle serait, devant cette barrière si vite dressée, la direction que prendraient les masses allemandes chargées de la percer. Elles hésitèrent un peu. La route de Calais passerait-elle par Ypres ou par Furnes ? En enfonçant le saillant qui déjà se dessinait autour d'Ypres, les Allemands avaient l'avantage d'écraser du même coup, entre la côte et leur trouée, l'armée belge tout entière, prisonnière sur son dernier carré. Mais, en bousculant ce reste d'armée cramponnée aux berges d'un filet d'eau, le résultat n'était-il pas plus rapidement et plus facilement atteint ? Si l'offensive hardie que prirent bientôt les Alliés sur notre droite força l'ennemi à commencer la bataille d'Ypres plus tôt qu'il n'eût voulu, celle-ci ne prit son caractère violent et décisif qu'après la défaite subie par l'armée allemande sur le point de sa première ruée.

De Nieuport à Dixmude il y a dix-huit kilomètres. Le duc de Wurtemberg estima tout de suite que c'était contre ces deux villes, et entre ces deux villes, qu'il fallait agir vite et fort. C'est sur ces dix-huit kilomètres qu'allaient s'engager et se poursuivre, quinze jours durant, les plus glorieux combats de notre histoire.

L'Yser y fait une lente courbe. Il n'a pas vingt mètres de largeur. Il coulait paresseusement à travers un paysage idyllique, monotone et tendre. Ses digues vertes, invisibles de loin, formaient facilement un premier retranchement. Prêts à toute surprise, les soldats contemplaient longuement ce paysage nouveau. Devant eux, des prairies s'approfondissaient, bordées de saules ou de peupliers. Des villages aux tours carrées, blancs et rouges, se suivaient, en une ligne courbe aussi, à quelque mille mètres du bord. Mannekensvère, Schoore, Spermalie, Keyem, Beerst, Vladsloo. De grosses fermes aux larges auvens s'entouraient de fossés. Au Nord-Ouest, ils voyaient fuir vers Ostende le moutonnement vert et or des grandes dunes sous le soleil. Quand ils se retournaient, ils dominaient la dernière réserve de la patrie, ce beau pays du *Veurne Ambacht*, si paisible et si doux dans l'embrassement des eaux. Dixmude fermait l'horizon. Caeskerke avait un petit clocher pointu, tout neuf, tout blanc, qui riait au-dessus des toits écarlates. La tour de Lampernisse était comme un bastion, celle de Loo comme un beffroi. Celles d'Oostkerke et de Pervyse se penchaient en avant, contre le vent de mer. Et, par-dessus le talus du chemin de fer qui va tout droit de Dixmude à Nieuport, formant la corde de l'arc dont les soldats occupaient la courbe, ils pouvaient voir Furnes, capitale provisoire d'un roi héroïque, jeter au ciel l'élan modeste et surnaturel de ses trois tours.

Entre l'Yser et la ligne du chemin de fer (la distance entre ces deux lignes est, au centre de la courbe, de deux kilomètres), la terre est basse, très humide, coupée de canaux. Le plus important est le Beverdyck qui coule vers Nieuport, parallèlement à l'Yser, sa ligne se prolongeant au

Sud-Est par le Regersvliet qui baigne deux villages aux noms doux et barbares : Stuyvekenskerke et Oudstuyvekenskerke. De grandes pâtures s'étendent autour de fermes riches et isolées qui vont devenir célèbres. La Roode Poort, la *Ferme Maudite*, la ferme Den Toren, la *Ferme sans nom*, la ferme Van de Woude, la ferme-château de Vicogne. Le remblai du chemin de fer cache un peu, au centre, les agglomérations serrées de Ramscapelle, de Pervyse, et, un peu en retrait, celle de Boitshoucke.

Deux petites villes ferment le champ de bataille : Nieuport au Nord-Ouest, Dixmude au Sud-Est. A Dixmude, qui est tout entière sur la rive droite de l'Yser, les fusiliers marins de l'amiral Bonarch viennent d'arriver avec l'artillerie belge du major Pontus. Ils ont, en avant des jolis faubourgs, creusé un mince réseau de tranchées. Ils sont décidés à se battre héroïquement comme ils l'ont fait à Melle. La tête de pont qu'ils défendent est de la plus grande importance. La défense de Nieuport importe plus encore : la vieille ville est séparée de la rive droite par six cours d'eau qui se jettent au fond de son très ancien port : le canal de Furnes, le Beverdyck, l'Yser, le canal de Nieuwendamme, le canal de Passchendaele et un canal d'évacuation pour l'eau des bassins. Un puissant système d'écluses, disposées en éventail, est doublé d'une série de ponts, nécessaires au passage vers Lombaertzyde, où nous avons établi un poste avancé. Il apparaît tout de suite que ces deux têtes de pont seront les points sensibles de nos lignes. Il en est deux autres, le pont de l'Union qui franchit l'Yser à trois kilomètres de Nieuport, reliant Saint-Georges à Mannekensvère, et surtout, au centre de la grande courbe dessinée par le fleuve, la partie du cours d'eau comprise entre le pont de Schoorbakke et celui de Tervaete et qui forme une boucle très prononcée vers l'Ouest : les tranchées qui en garnissent les digues pourront être facilement prises d'enfilade, et même à revers, par des troupes allemandes parvenues sur l'autre rive. L'ennemi s'apercevra bien vite de cet avantage possible. Ce sera sur Dixmude, sur Nieuport et surtout sur le pont de Tervaete et la tête de pont de Schoorbakke qu'il frappera les plus grands coups.

III

Le haut commandement français avait demandé à l'armée belge de tenir sur l'Yser pendant quarante-huit heures. L'armée s'organisa aussitôt défensivement. La 2e division se déploya le long du chenal de l'Yser jusqu'au village de Saint-Georges. Elle occupait, au-delà du fleuve, Lombaertzyde, la ferme de Groote-Bamburg et Mannekensvère. La 1re division s'installa depuis le pont de l'Union, devant Saint-Georges, jusqu'au point culminant de la boucle de Tervaete, marqué par la borne 10 de l'Yser. Elle fortifia la petite tête de pont de Schoorbakke et cantonna ses avant-gardes à Schoore. La 4e division défendait le pont de Tervaete, et continuait la ligne jusqu'à la borne 14 de l'Yser, à la ferme Den Toren, avec postes avancés à Keyem et à Beerst. Elle se soudait à la brigade des fusiliers marins chargés de défendre Dixmude et les abords de Dixmude. Les 5ᵉ et 6ᵉ divisions et une brigade de la 3ᵉ prolongeaient le front au Sud de la ville et sur l'Yperlée… En somme, dès le premier jour, la situation se caractérise par l'absence presque totale de réserves. Seules sont à la disposition de l'état-major deux brigades, fort éprouvées, de la 3ᵉ division qui attendent, l'arme au pied, à Lampernisse, et une petite division de cavalerie campée en arrière de Nieuport. L'autre division de cavalerie, couvrant notre flanc droit, manœuvrait avec la cavalerie française aux abords de la forêt d'Houthulst.

D'autre part, d'après les dispositions prises, il s'était formé en avant de l'Yser une ligne avancée semi-circulaire, fragile à la vérité, mais suffisante à contenir un premier choc. C'étaient des brise-lames. Des cavaliers et des cyclistes, plus en avant encore, observaient les mouvemens de l'ennemi. Dès le 16, un combat de cavalerie s'engagea devant Schoore, à Saint-Pierre-Capelle, où se croisent les deux grandes routes de Bruges et d'Ostende, et un premier assaut en force fut lancé sur Dixmude. Il fut splendidement repoussé par les marins. Le lendemain, les Allemands qui descendaient par les deux grandes routes virent à nouveau leurs patrouilles chassées de Saint-Pierre-Capelle. Ils se vengèrent en bombardant le bourg, et en incendiant le hameau de Rattevalle. Des cyclistes ayant poussé jusqu'à Mannekensvère y furent massacrés par les nôtres. Le 18, la lutte s'engagea sur toute la position avancée. La 4ᵉ division d'Ersatz s'étant approchée, en épaisse formation, de Lombaertzyde, rencontra une résistance aussi acharnée que son attaque. Sur la plage, dans les dunes, sur la route, devant les maisons, les assauts répétés furent repoussés par nos minces cordons d'hommes. Soudain un bombardement inattendu éclata sur le flanc de l'ennemi : les monitors de l'amiral Hood, rangés à l'horizon, prêtaient aux Belges un miraculeux secours. Après de nouveaux assauts, les Allemands se retirèrent, emportant des blessés par centaines. Ils réussissaient mieux à Mannekensvère, où un bataillon du 7ᵉ de ligne, débordé par le nombre, était obligé de leur céder la place. Mais à peine cette grand'garde avait-elle rejoint le gros du régiment, que le major Evrard s'élançait pour reprendre le village. Il fallait traverser, sous le bombardement, des prairies découvertes : il n'hésita pas un instant. Pour protéger son mouvement, on vit ce spectacle, qui allait se renouveler vingt fois au cours de la bataille, d'une batterie, — la 26e, — s'avançant à découvert, au milieu de la pluie d'obus, jusqu'à quelques centaines de mètres de l'ennemi… Le major Evrard et ses hommes couchèrent le soir à Mannekensvère…

Le poste voisin, Schoore, fut pris par un bataillon du 3ᵉ corps après une canonnade de quatre heures. Keyem, plus au Sud, tombait en même temps au pouvoir de la 6ᵉ division de réserve. Mais, tandis qu'une contre-attaque échouait devant Schoore, le 10ᵉ de ligne ne tardait pas à reprendre les lisières de Keyem. Beêrst ne céda point… En résumé, à la fin du jour, sauf sur un point, et malgré la violence des attaques, la ligne avancée tenait toujours. Bien plus, cette ligne était prolongée, vers le Sud-Est, les fusiliers marins, précédés d'auto-mitrailleuses belges et soutenus par notre 50ᵉ batterie, ayant poussé une reconnaissance hardie jusque dans Eessen. Des goumiers marocains les accompagnaient. Nos soldats, dont ils traversèrent les lignes, voyaient pour la première fois ces beaux frères de bronze et de feu, qui allaient, dans tant de rencontres, mêler leur sang au leur, et qui répondaient à leurs acclamations par un large sourire blanc.

L'aube du lendemain se leva sur un nouvel orage. Aux claquemens du 77 allemand se mêlait maintenant un grondement plus sourd et plus lourd. La grosse artillerie de Krupp était arrivée. De Westende-Lombaertzyde, où trois nouveaux assauts ne réussissaient pas mieux que la veille, elle bombardait Nieuport avec acharnement. Dans Mannekensvère reconquis elle rendait intenable la position de l'intrépide major Evrard. Celui-ci demanda du secours. La compagnie du commandant Dungelhoef fut désignée pour aller lui prêter main-forte. A peine était-elle sortie des tranchées et avait-elle franchi, au pas de course, le pont de l'Union, que le commandant, frappé d'une balle au front, tourna sur lui-même et tomba mort. Un flottement tout au plus. La compagnie, tout de suite ressaisie, continua sa marche sous un ouragan de feu. Au milieu de la plaine, pourtant, elle dut s'arrêter et se terrer. Le major Evrard désespéré, à bout de forces, ne pouvait plus tenir seul. Il se résigna à reculer. Bientôt blessé, il refusa de quitter ses hommes. De fossé en fossé, résistant pied à pied, ne cessant de tirer, son bataillon mit une heure et demie à traverser les huit cents mètres qui le séparaient des tranchées. Il venait de rentrer sous la protection de celles-ci quand, dans une gerbe de pierres et de fumées, le pont de l'Union sauta. Dès lors, pendant six jours, c'était sur les tranchées mêmes et le bourg voisin de Saint-Georges que devait se déchaîner l'orage.

La ligne avancée fléchissait donc. Si nos petits 75, dans la tête de pont de Schoorbakke, ripostaient victorieusement à la grosse artillerie allemande, nous étions définitivement chassés du village de Keyem devant lequel s'acharnait vainement une contre attaque du 13e de ligne. Nous avions perdu Beerst à l'aube, et si les fusiliers marins l'avaient reconquis à midi, les ennemis en forces les en avaient bientôt rejetés. La ligne des villages de la rive droite avait beau ne présenter qu'une importance secondaire, il fallait essayer de rétablir une situation avantageuse, bien que fragile. Déjà l'amiral Ronarch avait, dans ce dessein, envoyé sur le flanc allemand un de ses vaillans bataillons : le Grand Quartier général belge voulut donner plus d'ampleur à cette opération et joignit aux fusiliers marins notre 17e brigade, leur ordonnant une vigoureuse attaque qui, poussée sur le front Beerst-Vladsloo, dans la direction du Nord-Est, avec comme objectif un bois d'une importance stratégique considérable, le Praet-Bosch, au bord de la route de Tourhout, devait paralyser l'avance des Allemands et forcer même ceux-ci à abandonner leur marche sur le fleuve. Cette offensive commença brillamment. Soutenue par six batteries du 3e régiment d'artillerie qui se portèrent à Kapelhoek au Nord de Dixmude, le 3e chasseurs s'avança sur Vladsloo qu(il occupa, les fusiliers marins à leur gauche reprirent une seconde fois Beerst à la baïonnette ; à droite, le 1er de ligne se dirigea sur Bovekerke. L'ennemi, surpris et désemparé, s'enfuit précipitamment vers le Praet-Bosch et les bois de Couckelaere. Un vent de victoire passait. On bondissait en avant. A gauche, on entendait crépiter l'offensive de la 1re division de cavalerie et du 2e grenadiers qui montaient vers Staden ; on savait qu'un corps de cavalerie française et la 6e brigade anglaise, poussant plus loin encore leurs progrès, venaient d'attaquer Roulers. Les courages s'exaltaient. « Le moment est venu de chasser de notre chère patrie…, » avait dit le Roi. Le moment était venu !… Hélas ! il fallut bientôt déchanter. Les cavaleries alliées, surprises en pleine avance, se retiraient déjà devant le XXIIIe corps débouchant de Roulers ; à notre tour, nous étions menacés par lui. L'ordre fut donné de nous replier, abandonnant à elle-même la 4e division que nous étions allés secourir. La retraite se fit en silence, dans le soir. Il se mit à pleuvoir longuement, finement, tristement. Une boue glissante couvrit les chemins. Dixmude était, au terme du retour, une pauvre silhouette longue et noire. Les fusiliers marins voulurent, en rentrant, reprendre leurs positions abandonnées le matin, ils les trouvèrent occupées par deux de nos régimens de ligne, le 11e et le 12e, envoyés pour les relayer, sous les ordres du colonel Meiser. Quand les vainqueurs de Beerst, mouillés et fâchés, passèrent au milieu des Belges, ils furent accueillis par une longue acclamation fraternelle. Et ce fut une belle flambée chaude dans cette nuit pluvieuse d'automne.

IV

Après quatre jours de combat, l'Yser est devenu la ligne de bataille. Nous l'avons repassé partout, sauf à Dixmude, à Nieuport, à Schoorbakke, où nous possédons de solides têtes de pont. Nos soldats ne pensent plus aux renforts qui doivent arriver. Exaltés par la lutte, ils ne songent plus qu'à se battre. Ils savent que le plus grand poids de la bataille du Nord va peser sur eux — ils en sont fiers… Cependant, comme de la terre qui se meut, les masses grises à l'horizon, sous la protection du canon, avancent, avancent.

Tandis que le XXIIe corps et le XXIIIe corps du duc de Wurtemberg se déploient le long du fleuve, les Allemands vont tâcher de forcer les points extrêmes de notre demi-cercle. Ils voudraient, dès cette journée du 20, emporter Nieuport et Dixmude, converger sur Furnes par les deux routes, écraser notre petite armée dans des tenailles gigantesques. Pendant qu'ils bombardent sans répit notre centre, ils attaquent Lombaertzyde dès l'aube ; ils attaqueront Dixmude à midi.

Lombaerlzyde, coin des Lombards, ancienne ville de marchands et de banquiers, bourg assoupi au bord des sables. Une grosse église où viennent s'agenouiller en été des pèlerinages dévots, des rues proprettes, des maisons cossues. Des dunes qui montent des rives du bas Yser bordé

19

de peupliers obliques, et que parsèment des bosquets d'aunelles. Quelques villas isolées dans les *pannes*. Une grande plage coupée de lignes d'eaux. A droite, des prairies. Si des cavaliers caracolant remplaçaient ici les lignes grises des fantassins, si l'on se cachait moins dans des trous, le combat devant Nieuport évoquerait exactement la bataille des Dunes qui se déroula à peu de kilomètres en arrière. Comme alors, le choc, perpendiculaire à la grève, commence au bord de l'eau, s'intensifie sur les coteaux croulans, se prolonge dans la plaine flamande jusqu'à l'horizon. Comme alors, les crêtes recèlent des surprises ; comme alors, des vaisseaux anglais rangés au loin, parallèlement au rivage, bombardent l'ennemi de tous leurs canons. Ou bien cette bataille de Nieuport même dont les vieux tableaux troués de l'hôtel de ville nous montraient le plan animée et où l'on voit aussi, en face d'une troupe de reîtres massacrés, un beau rang de vaisseaux de ligne crachant leurs bordées de mitraille, de flammes et de fumées.

Comme le 18, les forces qui défendent les abords de la ville ne sont pas considérables. Le 6e de ligne échelonne ses compagnies, — et ses compagnies sont loin d'être au complet, — de la mer à Lombaerlzyde et de Lombaertzyde à Saint-Georges, en passant par la ferme de Groote-Bamburg. Il se soude à Saint-Georges à la ligne du 7e. Un assaut puissant dirigé sur un seul point de ce front ne peut manquer de réussir. Le jour n'est point encore levé que, par une attaque violente, la 4e division d'Ersatz s'empare de

Groote-Bamburg. La situation est grave. A neuf heures du matin, un bataillon du 9ᵉ de ligne franchit en courant les écluses de Nieuport, se jette immédiatement au combat, reprend la ferme, bouche la trouée. Pendant plusieurs heures, la bataille s'immobilise de dune à dune, de tranchée à tranchée, de fossé à fossé. Peu après midi, un assaut général se déclenche contre nous : il est repoussé avec d'énormes pertes. A trois heures, une nouvelle poussée locale perce à nouveau notre ligne au Sud du village. Le 9ᵉ régiment, qui contre-attaque avec le même entrain que le matin, ne peut, cette fois, rétablir les choses. Les Belges sont forcés de se retirer de Lombaertzyde, que les Allemands occupent après treize heures de combat. Ils s'installent, sans quitter la rive droite, sur des positions préparées d'avance, à six cents mètres en arrière du village, et suffisantes encore pour protéger les ponts de Nieuport. Jamais ils n'en seront délogés. Au contraire, les jours suivans, ils rebondiront en avant.

A peine la fusillade diminue-t-elle à Lombaertzyde qu'elle éclaté à Dixmude avec une violence inouïe. Dixmude, qui s'est réveillée sous un bombardement terrible, se tient prête. Elle va vivre aujourd'hui l'une des journées les plus tragiques de son épopée.

Plus rien ne sépare la petite ville des masses ennemies. L'armée allemande tient sous son feu la forêt d'Houthulst, qu'elle occupera demain. La cavalerie française recule de Zarren, où elle campait encore pendant la nuit ; les corps de cavalerie franco-anglais qui opéraient plus à l'Est se replient sous la pression allemande. Dixmude, poste avancé de la défense, presqu'île jetée audacieusement au-delà du rempart vers la marée montante, frémit et craque comme un navire au branle-bas. On ne reconnaîtrait plus la ville morte, la ville blanche qui sentait bon l'encens et les roses. Les habitans sont presque tous partis. Ce béguinage est une place de guerre.

Celui qui en commande l'enceinte est un héros. Les régimens qui l'occupent sont parmi les plus beaux du monde. En envoyant les 11e et 12e de ligne renforcer les fusiliers marins, le Roi savait qu'il donnait à ceux-ci des compagnons dignes d'eux. Ils font partie de la « Division de fer, » — la 3e, — on les appelle les Soldats de Liège. Ils ont subi le premier choc ils ont déjà connu la victoire. Partout où le péril a surgi, on les a envoyés au feu. Le chef de leur brigade, le colonel Meiser, les connaît. Il peut dire à l'amiral Ronarch, sous les ordres duquel on le place, ce que valent ses régimens. Aussi l'amiral ne doute-t-il pas d'eux : « A vous la rive Est, à moi la rive Ouest, » prescrit-il aux Belges. Et, rangeant ses fusiliers dans les tranchées de la digue de l'Yser, il nous cède la tête de pont ; le colonel Meiser confie le commandement de celle-ci au colonel Jacques, du 12e de ligne, un vieux de la vieille, qui s'est battu pendant des années au Congo, et qu'illustra naguère la glorieuse campagne arabe.

Le 20 au matin, la défense de Dixmude est donc organisée comme suit : le 12e de ligne, six compagnies du 11e, cinq sections de mitrailleuses de fusiliers marins. Elles sont placées au cimetière, à la route d'Eessen, au canal d'Handzaeme, à la route de Beerst. Sur la rive gauche se tiennent les autres compagnies françaises, prêtes à accourir au premier appel, six compagnies du 11ᵉ et un régiment d'artillerie, — 12 batteries de 75, — que commande un dur-à-cuire aussi, le colonel de Vleeschouwer.

Dixmude est mal fortifiée. Les tranchées qui l'entourent ont été faites à la hâte, restent imparfaites, sans pare-dos, sans défenses accessoires. Les grand'routes qui rayonnent vers la ville ne sont pas barrées. A certains endroits, on n'a guère eu le temps que d'ébaucher de petites levées de terre : à *Kaiserhoek*, — le coin de l'Empereur, — et à *Blocd Putteken*, — le puits de sang, — lieux aux noms rouges et prophétiques.

On attend, sous le bombardement, l'assaut que le bombardement prépare. A dix heures, le 1er bataillon du 12e, disposé au Nord-Est de la ville, voit des masses grises descendre de Beerst et de Vladsloo, par les routes où, hier, courait notre offensive. D'autres troupes débouchent d'Eessen, en face du 2ᵉ bataillon. Arrivées à portée de fusil, elles se jettent à terre dans la poussière et dans la boue. Elles n'avancent plus qu'en rampant. Ce sont alors les crispantes heures de l'attente, pendant que les canons travaillent. De la route de Caeskerke à Oudecapelle, nos batteries ne cessent d'arroser les voies d'accès de l'ennemi. Celui-ci répond en pulvérisant nos tranchées. Quand il juge les défenseurs démoralisés, il s'arrête brusquement, et brusquement c'est l'assaut qui monte.

Il est trois heures. Par milliers, des hommes sortent de terre. Tout de suite debout, pressés, coude à coude, ils accourent, le fusil au bras, la bouche ouverte, chantant éperdument un chant d'ivresse et de mort. Une rangée tombe, les autres enjambent les cadavres et les blessés, s'avancent, suivis d'autres et d'autres. Des hommes arrivent jusqu'au parapet, où s'engagent, à la baïonnette et au couteau, des corps à corps sanglans. Partout, les Belges tiennent bon. La ville est entourée d'une ceinture de cris, de râles et de feu. Debout au milieu de la grand'place, le colonel Jacques est devenu l'âme ardente du combat. Tout à coup, un obus éclate et le renverse. Blessé au pied, il se relève, demande une canne, continue à donner ses ordres. Prévenu du danger, l'amiral lui envoie une estafette : « Il faut tenir à outrance. — C'est évident ! » répond le colonel Jacques. Au même instant, un cycliste accourt, noir de poudre, et annonce qu'une tranchée, à l'Ouest de la route de Beerst, va être enfoncée : la fraction du 12e, qui la défend, a perdu tous ses officiers ; elle sent qu'elle ne peut plus tenir, elle demande du secours. Une compagnie de réserve attend sur la grand'place : le colonel Jacques l'envoie à la rescousse. Mais le bombardement est tel que, parmi les éclatemens d'obus et les maisons qui s'écroulent, elle ne peut sortir de la ville. Livrée à elle-même, la compagnie, qui agonise à la route de Beerst, finit par lâcher pied, se replie à deux cents mètres. Une bande prussienne se jette sur ses traces avec un cri de victoire. Les troupes voisines de la trouée, exposées à être prises à revers, se retirent en ordre parfait. La situation est angoissante. Elle l'est soudain plus encore, le lieutenant-colonel Collyns, qui tient l'Est de la ville, faisant dire que son bataillon écrasé va céder aussi. Le colonel Jacques sait que sa demande pressante de renforts n'a pu encore atteindre l'amiral. Il ne montre aucune émotion, fait annoncer à l'Est et au Nord qu'il envoie des renforts à la contre-attaque, et ordonne qu'on reprenne tout de suite ce qu'on a perdu… À ce moment débouchent providentiellement sur la place cent cyclistes de la 3e division qui viennent se mettre à la disposition du colonel. Celui-ci ne les laisse pas descendre de leurs machines, les lance aux points menacés, les chargeant avant tout de crier en arrivant que « les autres sont là ! »

Les autres étaient encore loin. L'amiral Ronarch, ayant reçu l'appel du colonel Jacques, avait tout de suite chargé le lieutenant-colonel Leestmans de courir au feu avec les six compagnies du 11e qu'il tenait en réserve. Celles-ci s'avançaient par la route de Caeskerke, lorsque, à la hauteur de la gare, l'artillerie allemande, qui les avait repérées, les arrêta par une véritable rideau de fer. Des hommes se jetèrent dans les fossés. Leestmans ne se fâcha point, mais il se fit soudain plus brave, plus haut, plus noble encore. Il cria : « Vive le 11e ! En avant ! » Et tous ses soldats le suivirent sous l'averse de feu.

Il y eut alors une chose sublime. Le colonel Meiser, chef de la brigade, qui se tenait dans une maison de la route, entre la gare et le pont de l'Yser, s'avança devant la porte pour voir passer ses enfans. Combien de fois avaient-ils lutté ensemble ? Combien de fois avaient-ils ensemble offert leurs âmes et leur sang ? Les deux bataillons, électrisés, défilent devant Meiser, comme à la parade. A chaque pas en avant, il y a un homme qui tombe. On ne s'arrête point. Soudain, un jeune volontaire de dix-sept ans, qui jette un cri de joie, roule, frappé, aux pieds du vieux soldat, qu'il acclame. Son cri se change en un appel : « Maman ! Maman ! » Et il meurt en baisant la terre.

Il était cinq heures quand, ayant franchi le pont au pas gymnastique, parmi les bravos des fusiliers marins, le colonel Leestmans rejoignit le colonel Jacques. On continuait à se battre avec rage, — mais aussi à demander du secours. Trois des compagnies fraîches furent envoyées au Nord sous les ordres de commandant Borms, les trois autres à l'Est avec le commandant Decamps. Une demi-heure après, les Allemands se retiraient de nos lignes en grand désordre. Dixmude était délivrée.

Le crépuscule tomba. Un crépuscule d'octobre, rouge et mouvant comme un incendie. Sur sa pourpre sanglante que déchirait le vent, Dixmude, déjà découronnée de sa tour et de ses clochers, déchiquetait sa ligne noire de ville blessée. Alors sifflèrent, invisibles comètes, les obus incendiaires, et, peu d'instans plus tard, la ville brûla.

Dans cette tragique clarté, la nuit fut semblable à l'enfer. On voyait, dans l'immense reflet des flammes qui léchaient la voûte des ténèbres, les lignes minces et obstinées de la pluie. Deux bataillons du 2e chasseurs étant venus remplacer ce qui restait du 12e de ligne, la relève se fit avec difficulté. Les nouveaux arrivés n'eurent pas le temps de dormir. Déjà la lumière du brasier leur avait permis, dès leur arrivée, de disperser de loin une lourde attaque dessinée dans la nuit. Une aube sale et triste où tout reflet s'était éteint, et où la pluie tombait toujours, apporta jusqu'à leurs tranchées, hâtivement renforcées, l'épais piétinement des hommes de boue. Gris dans la lueur grise, ivres, précédés à vingt pas par une atroce haleine collective où se mêlaient des vapeurs fétides d'alcool et d'éther, insensibles au froid et à l'averse qui leur collait au corps des vêtemens transpercés, ils semblaient sortir d'un cauchemar. Une décharge, suivie d'une charge, y fit rentrer ces monstres. Le lieutenant Minsart, de la 3ᵉ compagnie du 11e, étant sorti brusquement de sa tranchée avec ses hommes, ceux-ci dissipèrent à coups de baïonnette cette hallucination. Reculant partout, mais poursuivis sur ce point jusqu'au Nord du canal d'Handzaeme, au cabaret des *Trois Moineaux*, ils laissaient entre nos mains de nombreux prisonniers, tout à coup désenivrés, fondus, et comme évanouis de peur.

Quatre assauts pareils à celui-là coupèrent la journée en sanglans quartiers. Après l'échec de chacun d'eux, l'incendie de la ville montait plus haut. Il n'avait pas atteint la veille le cœur même de Dixmude. Il embrasait aujourd'hui la tour déjà brisée de l'église. Il éclatait en une série d'explosions fantastiques dans l'hôtel de ville où, à l'étage, s'écrasaient aux murs, avec les morceaux de pierre et de verre, des cervelles projetées et des lambeaux de corps déchirés.

Sous la voûte au rez-de-chaussée où reposait, entouré d'un drapeau, le cercueil hâtif du commandant Pouplier, tué la veille, et où venait de descendre le colonel Jacques blessé pour la seconde fois, un aumônier procédait à la levée du corps. Une humble procession s'en allait parmi les ruines et les coups. Au cimetière accompagné par l'orgue monotone des mitrailleuses proches, une bénédiction glissait dans l'air. L'aumônier disait au nom des assistans l'adieu qu'il fallait : « Ne pleurons pas, mais vengeons-le ! » Tout près, le bombardement qui avait suivi le cortège frappait les tombes et les croix, brisant au fond des caveaux défoncés les cercueils et les squelettes. Pas bien loin, les étroites maisons blanches du petit Béguinage, serrées l'une près de l'autre, et tordues, eût-on dit, par les flammes, brûlaient comme une poignée de lys desséchés.

Tout à coup de grands cris montèrent : les hôpitaux provisoires étaient atteints. Les blessés, dont le nombre croissait à chaque instant, se dressaient épouvantés, voulaient fuir. Le colonel Leestmans, blessé lui aussi et qu'on venait d'amener parmi eux, les calma par son sang-froid et son volontaire silence. Heureusement, une colonne d'ambulance approcha, entre deux murailles de feu. Elle ne suffisait pas. Les autos du ravitaillement et des états-majors se précipitèrent à sa suite dans la fournaise. Tous les bras, éperdument, se tendirent vers les sauveteurs. Après un va-et-vient rapide et hardi, on put emporter les blessés sans en perdre un seul. Le colonel Leestmans, tranquille et debout dans ses linges ensanglantés, resta le dernier.

Ce spectacle terrible, ces cris d'horreur, l'incendie dont ils sentaient jusque dans leurs tranchées la brûlure et la cuisson, ne purent décourager les nôtres. Battu, mais obstiné, l'ennemi, toujours repoussé, s'apprêtait à revenir en force. Instruit par les dures expériences du jour et de la veille, il ne s'avançait plus à découvert. On ne voyait plus, à quelque cent mètres, son avancée, qu'aux levées de terre qu'il poussait hâtivement devant lui en rampant sur le sol humide. A la fin du jour, par trois reprises, sortant de ses trous tout proches, en masses de plus en plus épaisses, poussant des *Hoch* et des *Gloria*, il voulut sauter dans nos tranchées. A la troisième fois, il réussit, au Sud, devant un bataillon de chasseurs, à percer nos lignes. Mais des fusiliers marins accourant au trot et deux compagnies du 11e venant à la rescousse, baïonnette au canon, clouèrent les assaillans sur le parapet même de la tranchée conquise.

Le premier acte, presque accompli, du drame de Dixmude, allait finir sur un épisode héroïque. Dans la nuit du 21 au 22, à peine minuit sonné, une colonne allemande surgissant tout à coup de l'ombre se jettera brutalement sur le point faible de la route de Beerst où le 12e de ligne a cédé le 20 octobre. Débordés, les fusiliers marins qui l'occupent reculeront momentanément. A côté d'eux une compagnie du 11e, — celle du lieutenant Gervais Verhamme, — parvenant à s'accrocher à sa ligne, refusera de reculer. Bien que « en l'air » et prise d'enfilade, elle voudra mourir à son poste : « Je n'ai pas reçu l'ordre de reculer ! » criera le lieutenant Verhamme. Et, du premier au dernier, lui et ses hommes seront massacrés, ou blessés, faits prisonniers, avant qu'un brillant retour offensif des marins n'ait rétabli, avec un grand cri de victoire, le front percé. Dernier spasme d'une attaque qui pendant quarante heures n'a cessé de se renouveler. Pour deux jours, un silence relatif se fera sur Dixmude. L'intérêt de la bataille, depuis le matin du 21, s'est porté sur le Centre. Le drame de Tervaete a commencé.

V

Sept divisons allemamdes sont échelonnées en face de nous, sur dix-huit kilomètres, le long du fleuve. Elles ont commencé dans la journée du 20 octobre par se retrancher. Et quatre cents pièces, principalement d'artillerie lourde, entrant en action, ont canonné sans relâche la digue Ouest que nous occupons. Nous n'avons pour riposter que trois cents canons de 75, — qui avaient déjà tiré des milliers de coups, — et vingt-quatre obusiers de 150, apportés d'Anvers. Cette artillerie, pendant le combat gigantesque qui va s'engager, sera en tous points admirable d'adresse et d'audace. Affreusement éprouvée dans, ses servans, ses officiers, son matériel, elle ne faillira pas un instant à son écrasante tâche. Et si un jour elle doit s'arrêter de tirer, épuisée, réduite de moitié, n'ayant plus que dix coups par pièce, — ce sera le jour de la victoire.

Avec quelle agilité, quel à-propos, quel sens de l'offensive, quelle conscience du pouvoir moral de sa voix qui ne doit pas s'éteindre, elle va inquiéter l'ennemi, briser ses passerelles, courir à sa rencontre, s'il le faut, et à sa poursuite, protéger et rassurer le fantassin lassé ! Mais, contre les canons de fort calibre qui tirent de plusieurs lieues de distance, elle est quasi impuissante. Les Allemands le savent, et, violemment, lourdement, pendant deux jours, ils vont, à l'aide de gros obus, et sans guère se montrer, déchiqueter, hacher, écraser nos tranchées.

Sur certains points surtout, ils s'acharnent. Vers notre petite tête de pont de Schoorbakke qui protège la très vulnérable boucle de l'Yser, ils ont fait converger le feu de l'artillerie de trois divisions et de celle d'un corps d'armée. Ils ont compté sans notre endurance, sans la calme intrépidité de nos soldats du génie qui, inlassablement, refont les parapets, bouchent les brèches, rétablissent les défenses. Les pertes que nous cause l'invisible ennemi sont énormes, mais une sorte d'exaspération croit chez nos soldats. Va-t-on recommencer, comme sur la Nèthe, à lutter, par le seul silence et la seule volonté de tenir, contre un adversaire qu'on ne peut atteindre ? Non ! jamais on n'en aura la force ! Aussi, quand simultanément, sur quatre points du fleuve, dans la journée du 21, on verra s'esquisser une attaque, les fusils partiront tout seuls ; il faudra, devant les ponts qu'on a laissés subsister çà et là, pour l'offensive possible, retenir les hommes déjà lancés.

C'est à Saint-Georges d'abord, où le 7ᵉ de ligne, en contact avec l'ennemi depuis la retraite de Mannekensvère, n'a pas bronché. Le 20, au soir, un bataillon logé dans une des sinuosités du cours d'eau a vu ses retranchemens pris d'enfilade par des mitrailleuses. Celles-ci ne peuvent être installées que dans une maison située tout près de nous, sur l'autre rive, en contre-bas de la digue que nous occupons. Comment les réduire au silence ? — « Attendez ! a dit le lieutenant auxiliaire Colson, je me charge de les faire taire ! » La nuit, il a amené sur la digue même un canon ; et, à l'aube, au premier coup, bien ajusté à bout portant, la maison suspecte s'est écroulée sur les mitrailleurs et leurs pièces. L'ennemi a répondu dans le jour par un bombardement intense. Quand il croit nos hommes anéantis, il lance sur la rive des compagnies avec des passerelles volantes. Ces compagnies sont aussitôt dispersées. Des mitrailleuses ayant réussi à se réinstaller dans les ruines de la maison écroulée le matin, le lieutenant Cambrelin reprend le rôle du lieutenant Colson gravement blessé et, hissant à nouveau le canon sur la digue, fait voler en l'air, du premier coup encore, avec les briques et les tuiles, des fragmens d'armes et des débris humains.

C'est à la ferme Dupré, un peu plus au Sud, où deux tentatives de passage sont facilement enrayées. C'est à Schoorbakke même, où le 3e de ligne repousse deux attaques sur la tête de pont. C'est à Tervaete, enfin, où les fantassins du 8e défendent brillamment le pont que l'ennemi croyait emporter du premier coup.

De plus en plus pourtant, la pression s'accentue sur la rive droite de la boucle. Dans l'épaisse nuit du 21 au 22, des fusées éclairantes jaillissent et se cassent au fond du ciel. Le silence est profond, le danger couve, l'ombre se meut.

Soudain, par un coup audacieux et rapide, une compagnie allemande s'empare d'une passerelle en aval de Tervaete. Ce sont des soldats du génie qui, en face d'eux, défendent la berge. Ils sont tôt bousculés, ayant peu de cartouches. La menace se propageant sur tous les points, les renforts ne peuvent accourir à leur aide. Ils reculent. Des bottes allemandes foulent notre rive. Mais l'ennemi ne profite pas de la surprise. Au lieu de s'avancer en force par la brèche qu'il s'est ouverte, il hésite, se défie, se retranche, tend l'oreille. Au moins a-t-il amené presque autant de mitrailleuses que d'hommes, de sorte qu'il paralyse tout retour offensif des compagnies frémissantes, et que, à l'abri de la tête de pont qu'il vient de constituer, il multiplie sur la rivière les passerelles. Nos batteries le canonnent de Stuyvekenskerke : il tient bon cependant, cramponné au sol conquis... Le jour marque le début d'un combat acharné contre les bataillons qui, peu à peu, se sont infiltrés dans toute la boucle. Nos contre-attaques se déploient, refoulant les Allemands à l'Yser, refoulées à leur tour, repartant encore dans un nouvel élan. Le bruit même de la bataille soutient leur vigueur. Au Nord, à la gauche de la 1re division, le claquement vif, furieux, mordant, ininterrompu de nos canons met dans l'air un grand vent d'attaque, Il semble que là c'est nous qui perçons. C'est tout simplement, devant Saint-Georges, le lieutenant Matagne qui, l'infanterie ennemie s'avançant à découvert dans la plaine et se déployant déjà à cinq cents mètres du fleuve, a sorti hardiment ses canons des abris et, au galop des petits chevaux courant à la rencontre des Allemands, a conduit toute sa batterie jusque sur la berge… Il s'agit ici aussi d'avoir du nerf, du jarret, de l'allant ! Les deux villages qui commandent la boucle, Schoorbakke et Tervaete, nous sont furieusement disputés. De l'un et l'autre débouchent sur la rive droite nos intrépides lignards. Là, le 4ᵉ de ligne se maintient victorieusement ; ici, le 8e, dont les officiers tombent coup sur coup, ne soutient l'assaut ennemi qu'en se lançant lui-même à sa rencontre. C'est dans l'attitude de la charge que les hommes sont frappés. C'est en criant de toutes ses forces : *En avant* ! que le capitaine van Laethem est tué d'une balle dans la bouche ouverte !

Impossible donc d'étouffer dans une étreinte complète, par la possession des deux clefs du champ de bataille, les Belges qui luttent dans la ronde presqu'île. Impossible de contenir leur flot mouvant. Aussi bien, voici pour les soutenir des renforts venus de partout, hâtivement mis en ligne, et qui s'élancent à la baïonnette.

Peu nombreux, mais nerveux, décidés, colériques, désespérés, ils bondissent plus qu'ils n'avancent. Ils font à leur tour, dans les lignes agressives des Allemands, leur trouée sanglante. Les carabiniers partent les premiers, franchissent les fossés au trot ; au cri de : *Vive le Roi* ! aux cris de *Louvain* ! et de *Termonde* ! ils bousculent et dispersent d'épais bataillons bien rangés. Des hommes tombent frappés : *Continuez* ! crient-ils à leurs camarades. Les carabiniers continuent, débordent les premières défenses ennemies ; ils toucheraient au fleuve, s'ils n'étaient arrêtés soudain par des retranchemens solides, sur lesquels leur élan se casse. Un bataillon du 9e, plus heureux, un peu plus loin, les franchit en trombe et atteint la digue Nord de l'Yser devant Schoore. Mais l'ennemi, après la surprise, se ressaisit. Il repasse l'Yser plus nombreux et plus fort ; il repousse graduellement nos colonnes avancées. Tant d'héroïsme aura-t-il été vain ? Soudain, au centre de nos lignes, retentit un bref commandement. Un bataillon de grenadiers reçoit l'ordre de contre-attaquer à outrance et de ne s'arrêter qu'au bord du fleuve. A la tête de ce bataillon s'élance un officiel de haute stature, vêtu d'un grand mackintosch noir, et agitant, comme signe de ralliement, son képi au bout d'un bâton C'est le major Henri d'Oultremont, le même qui, à Werchter, debout aussi au milieu de la plaine nue, droit comme la hampe d'un drapeau, ralliait pendant des heures, sous la mitraille, ses grenadiers épars. Il jette un adieu à son colonel, et le bataillon, e3nlevé par son grand geste, suit son chef sans hésiter. Les prairies sont balayées par les obus, barrées de tirailleurs prussiens, l'air coupé, à hauteur des poitrines, par l'éventail des mitrailleuses. En avant ! Il n'y a plus d'obstacles, il n'y a plus de dangers, il n'y a plus de fatigues ; il n'y a plus qu'une charge obstinée et sublime, qui s'enfonce là-bas, au-delà des ruisseaux, des chemins, des arbustes, des tranchées, sur le terrain perdu ; une charge qui bondira, — enthousiaste, mais volontaire et grave dans son emportement, — à douze cents mètres, à la digue de l'Yser où le major, soudain frappé, tombera mort parmi ses derniers soldats.

Reconquête sanglante, reconquête éphémère. Le soir, les Allemands, dont la foule semble inépuisable, avaient, une fois encore, repassé le fleuve ; leurs 6e et 44e divisions prenaient pied définitivement sur notre rive et nous rejetaient à six cents mètres en arrière. La tête de la boucle était perdue.

Il nous restait des tranchées à droite et à gauche, appuyées au fleuve et aux villages. L'ennemi ayant atteint partout les berges de l'Yser, ayant moulé en quelque sorte, — à vingt mètres de distance, — sa ligne sur la nôtre, prenait ces tranchées d'enfilade et à revers. Les tranchées devinrent intenables. Ce fut le sort du poste avancé de Schoorbakke qui, attaqué de tous les côtés à la fois, mal relié à l'autre rive par un squelette de passerelle, fut, pendant toute la nuit du 22 au 23, comme un puits de soufre et de flamme. Le bataillon du 4e de ligne, qui désespérément s'y cramponnait, dut l'abandonner à l'aube. Du moins l'humble glacis de la tête de pont qu'il avait si héroïquement défendue était-il jonché d'un millier de cadavres et de mourans. Pour pénétrer dans le village, les Allemands durent littéralement piétiner leurs morts.

Dans la boucle on se bat sans trêve. A cinq heures du matin, devant les Belges sommairement retranchés, des voix joyeuses précèdent un groupe qui accourt : « Ne tirez pas ! Ne tirez pas ! Nous sommes Anglais ! » Est-ce un rêve ? une vision qu'apporte l'aurore déjà blanchissante ? Des blessés se dressent, des bras sont tendus, des bustes hissés. A l'instant même, les faux *Tommies*, à trente mètres, démasquent leurs mitrailleuses. Ah ! les maudits ! Le combat s'acharne, se mêle, se brouille. Le bombardement se précipite ; notre force de résistance s'use et se détend. Ce ne sont plus des compagnies, ce sont des hommes confondus qui tiennent, qui s'enfuient, qui se retournent ; qui, hagards, ayant jeté leur sac, désarmés, rebroussent, l'étincelle s'étant réveillée, ramassent le fusil des morts. Devant eux Tervaete résiste toujours. Le 8e de ligne semble adhérer au sol : impossible de le décoller de sa place. Il se bat depuis trois jours, il a subi un bombardement de cent vingt heures, il a perdu la moitié de ses officiers, il ne compte plus un seul major : tant qu'il tiendra, les autres tiendront !… A midi, tout à coup, comme une barrière qui craque et se rompt, le 8e de ligne, débordé, cède brusquement.

Avec lui reculent tous ceux qui tenaient encore, isolés ou par petits groupes, pêle-mêle, — sans soutien désormais, sans point d'appui. Ils sont sales, ils sont lourds, ils sont las. Ils n'en peuvent plus. Ce ne sont pas des vaincus, ce sont presque des morts. « Il fallait voir, me dit un témoin, ces hommes qui n'avaient plus figure humaine, trempés d'eau sale, boueux, vêtus de glaise, statues de terre molle et mouillée. Ils ne fuyaient pas, ils revenaient. Leurs officiers, élargissant les bras, quand ils tournaient le dos au combat, leur disaient doucement : « Repartez ! » Ils reparlaient. Ils étaient comme des enfans dociles. Ils n'avaient presque plus de chefs. Leurs bonnets s'étaient envolés, leurs habits étaient déchirés, leurs semelles avaient été emportées par la boue élastique et dure : ils allaient pieds nus. Beaucoup n'avaient plus eu à boire depuis deux ou trois jours. » On les voyait se jeter à plat ventre au bord des trous déjà remplis d'eau brune et où s'enfonçaient des cadavres.

Il faut à tout prix qu'ils s'arrêtent, il faut qu'on les protège. Les batteries de la 3ᵉ brigade, au lieu de se retirer avec eux, envoient des pièces à la ferme Violette, à huit cents mètres de l'Yser, pour les couvrir. Rapides, légers, la gueule levée, les canons semblent animés d'une vie passionnée. Leur tir est si rageur, si continu, que, — l'effort étant trop grand, l'acier trop rouge, leur colère trop violente — deux pièces éclatent. Quatre autres, vite repérées, sont démolies par le tir allemand au milieu des cadavres déchiquetés de leurs servans. Celles qui restent, sans faiblir, tirent, tirent encore. Mieux, celles de la 3ᵉ division, après avoir pris position sous la mitraille, doivent changer de place, leur précaire abri étant visé et arrosé : pour que l'infanterie ne s'alarme pas de leur mouvement, elles se déplacent de quatre cents mètres, — mais vers l'ennemi, dans une position si aventureuse que, le soir, il faudra que les artilleurs ramènent les canons, un par un, à bras, en se couchant à chaque rafale, tant leur chemin sera criblé d'obus, obstrué de shrapnells.

La ligne où l'on arrête les hommes, — Schoorbakke, Vicogne, Stuyvekenskerke, — n'est marquée par aucun tracé naturel, par aucune défense. Les soldats, bientôt retenus et ralliés, — beaucoup déjà se redressent, — n'ont plus de pelle pour se faire des abris, ils sont exposés de toutes parts, au milieu d'une plaine nue, au tir opiniâtre des

Allemands. Le 4e de ligne, le 2e, les grenadiers, le 8e se reforment, se soudent tant bien que mal, se tâtent les coudes : barrière fragile, mais obstinée, cible tenace, mais encore un peu flottante. Le moment est terrible, car chacun, en voulant résister, sent son impuissance absolue. Chacun n'est plus, devant la mort, qu'une chose inerte, passive, dont l'héroïsme consiste à rester là. A peine le bruit d'une opportune contre-attaque menée vers Oudstuyvekenskerke par la 5e division d'armée et des bataillons des 11e et 12e de ligne momentanément dépêchés vers le centre par les défenseurs de Dixmude parvient-il à rendre un peu d'espoir à ces hommes, tout meurtris encore de leur recul. Ils voient la réalité dans sa tristesse : ils vont mourir parce qu'ils sont immobiles. Ils sont immobiles parce que l'honneur les empêche de reculer, parce que la fatigue et l'approche d'un ennemi compact les empêchent d'avancer ! Ils se résignent tragiquement, ils sont passifs. Au milieu de la nuit on les fera reculer en silence. Derrière le mince canal sur lequel on les arrêtera, tandis que les plus vaillans prépareront, tant bien que mal, un semblant de tranchée, on en verra quelques-uns se coucher et dormir.

VI

A la même heure, devant Nieuport les Allemands, terrés depuis deux jours dans les replis des dunes, voyaient insensiblement se mêler aux troupes belges les uniformes français, La veille, le général Dossin avait ordonné à ses troupes la reprise de Lombaertzyde. Une colonne d'attaque formée du 1er chasseurs à pied et du 5e de ligne s'était lancée à l'assaut sous les ordres du colonel Jacquet. En peu de temps, tout l'ancien front, sauf la ferme Bamburg, avait été réoccupé. Une violente contre-attaque, à l'aube du 23 avait été repoussée par les Belges. Maintenant, le long du canal de Furnes, les bataillons français défilaient, venant peu à peu relever, à la gauche de notre ligne, la 2e division d'armée. Les premiers élémens de la division Grossetti, — le 151e d'infanterie et un bataillon de chasseurs, — débarqués le jour même à Furnes, étaient à Nieuport dans la matinée. L'ennemi prévenu redoubla le bombardement de la ville qui, comme Dixmude, s'écroula. Les Halles s'effondrèrent, ne laissant debout que deux pignons à étages, l'église ne fut bientôt plus qu'une ruine calcinée ; seule resta debout la vieille tour des Templiers, donjon massif et dur du Moyen Age. Mais les obus visèrent surtout les six ponts par où commençait la relève. Les Français devaient y passer un par un, au petit trot, sous le plus effroyable orage. Ce fut un spectacle admirable que celui de ces hommes, se lançant sur les passerelles comme vers une fête, et abordant les soldats de la tête de pont avec des mots drôles : « On va à Ostende, s'pa ? » Il leur fallut toute la journée pour remplacer complètement les nôtres. Mais alors, tout de suite, par une martiale coquetterie, les nouveaux venus marquaient un petit progrès vers Westende. Nieuport fut ce soir-là le seul point du champ de bataille où l'on parlât de victoire.

La bataille cependant se poursuivait devant Saint-Georges où le 7e de ligne, du colonel Delobbe, qui venait de tenir une quatrième nuit, et qui, en même temps que l'ordre de mourir sur place, avait reçu la veille au soir, pour son drapeau, la croix de Léopold, se trouvait dans une situation critique. L'audace inouïe des batteries qui protégeaient ce régiment et qui, chaque fois que l'infanterie voulait forcer le passage, escaladaient les digues pour l'écraser à bout portant, avait, semblait-il, exaspéré l'ennemi qui, en même temps qu'à une lieue de là il fonçait tête baissée sur Schoorbakke encore résistante, essayait ici, après chaque tentative de ses fantassins, ses inventions infernales.

Vers midi, une énorme bombe éclata soudain en plein milieu d'une tranchée du pont de l'Union, dont les défenseurs furent anéantis. Une seconde tomba bientôt plus loin, faisant le même carnage. Ces engins mystérieux, dont le départ n'était marqué par aucune déflagration, dont aucun sifflement n'annonçait la direction et l'arrivée, tombaient silencieusement du ciel vide. Aux hommes debout devant les créneaux, attentifs seulement aux mouvemens de la plaine, ils ne révélaient leur présence qu'en leur donnant la mort. Ceux qui avaient le loisir de lever la tête, les voyaient distinctement en l'air, formidables et allongés, achever leur courte parabole avant de choir verticalement dans un vertige invisible. Le major Houard ayant demandé qu'un officier d'artillerie vînt sur place tâcher de reconnaître d'où partaient ces projectiles nouveaux, le lieutenant Cambrelin accourut. Mais un *obus cigare,* — comme les appelaient déjà les hommes terrifiés, — au moment où ils levaient la tête, tua brusquement le major Houard et le lieutenant Cambrelin. Dès lors, tandis qu'au loin se dessinait une immense attaque toujours attendue, jamais déclenchée, les sinistres machines tombèrent, de plus en plus rapides et rapprochées, sur les soldats impuissans qui ne songeaient pas à fuir, qui restaient muets et stoïques sous ce déluge. Quand, à dix heures du soir, le 14ᵉ de ligne et le bataillon de chasseurs à pied du lieutenant-colonel Lambert vinrent les relever enfin, leur régiment avait perdu dix-huit officiers et six cents hommes.

L'ordre catégorique qui avait cloué sur place les soldats du 7ᵉ de ligne, les soldats du 14e, également épuisés par la bataille, l'apportaient aussi avec eux. La relève, éclairée par le jaillissement des fusées et par l'éclat mouvant des incendies, les exposa tout de suite à un bombardement frénétique. A l'aube, celui-ci semblait s'être localisé sur le bataillon du major Waslet qui faisait face aux restes du pont. Avec une atroce régularité, de cinq minutes en cinq minutes, éclataient sur lui les bombes foudroyantes. Et le tir des obusiers dissimulés tout près, semblait-il, derrière l'autre digue, était si précis que les hommes préféraient à la tranchée trop bien repérée le terrain découvert, un peu en arrière des lignes, où, dédaigneux d'autres périls, ils restaient dressés ou couchés, tirant toujours. Les pertes étaient si considérables qu'il fallut dès la matinée faire donner le bataillon de réserve. Mais sa marche vers la tranchée fut bien vite aperçue au milieu des champs : l'une des compagnies, en arrivant à la première ligne, n'avait plus que quinze hommes valides.

Il était midi, le passage était forcé à Schoorbakke ; Tervaete venait d'être évacué par les nôtres. Le 23e de ligne qui, de la droite du 14e, s'étendait jusqu'à la boucle, pris par un tir d'enfilade, décolla soudain. Aussitôt, les Allemands ayant occupé, sur notre rive, la ferme de Groote Hemme accablèrent d'un feu à revers les défenseurs de Saint-Georges. Le danger croissait, on était exposé par devant, par derrière, de flanc. Tandis qu'au centre du régiment, devant le pont, certaines compagnies étaient réduites à sept soldats et sous-officiers, et que l'ordre réitéré arrivait au major Waslet de tenir ferme avec ces débris, le bataillon de droite voyait distinctement les Allemands avancer vers lui, longeant les anciennes tranchées du 23e et le chemin de halage. Opiniâtres sous les coups répétés de notre fusillade, ils approchaient toujours, criblant de balles nos abris et nos couloirs ouverts à leur feu. On renforce comme on peut ce bataillon de droite qui, selon le mot d'un de ses chefs, est en agonie. Les hommes ne tiennent plus que par une volonté dure et presque surnaturelle. On entend des réponses comme celle du lieutenant Bastin qui songe aux hommes qu'il expose : — « Mon major, j'irai, je me ferai tuer ! » le bruit de la fusillade étouffe le cri des mourans. Bientôt pourtant la pression est telle que toute résistance serait inutile folie : le bataillon se replie. Les hommes qui restent des autres unités canardent encore les ennemis qui, infiltrés sur notre rive, se trouvent serrés sur l'étroit chemin de halage entre la digue et le fleuve, et qui parfois se battent avec nous, — dramatique combat d'aveugles, — à coups de baïonnette à travers la mince épaisseur de gazon. Enfin, la densité des assaillans décuplant tout à coup, devant nos tranchées démolies, le clairon sonne la retraite : la route de Saint-Georges est ouverte. Mais, en deux jours, le 14e de ligne, digne frère, par la souffrance et par la gloire, du 7e, était réduit à presque rien. Sur dix-sept cents hommes qu'il comptait encore hier matin, il ne lui en restait plus sept cents !

Derrière lui, c'est la ruée. C'est l'Yser franchi, les tranchées violées, les cadavres fouillés, les blessés massacrés. C'est le piétinement, sur le pavé sanglant, des régimens compacts et drus. C'est Saint-Georges, village de paix et de silence, qui pousse un grand cri, et meurt égorgé. C'est, sur les voies qui débouchent du bourg, les compagnies enivrées qui déjà s'aventurent en un trot massif. La plaine va-t-elle être envahie, l'armée belge tournée, Nieuport isolé ? Non, non ! Deux batteries du major van Bever, la 28e et la 29e qui se retirent avec le 14e de ligne s'arrêtent soudain. Les servans sont épuisés, ils ont tiré déjà depuis huit jours, sans une heure de repos, plus de treize mille obus. Qu'importe ! on les voit, sur un ordre bref, faire face, tirer à bras leurs canons vers Saint-Georges, s'établir à trois cents mètres des dernières maisons, au milieu d'un champ dénudé, et de là mitrailler les issues du village et le pont de l'Union, où les ennemis, qui nous croient définitivement vaincus, passent, passent toujours.

Les voici contenus dans les rues, fauchés sur les routes. Ils reculent, ils hésitent, ils reviennent ; finalement ils s'arrêtent. Pendant ce temps, protégés par le colonel Larmoyer et son 5e de ligne, les défenseurs du pont de l'Union ont rejoint les défenseurs de la boucle de Tervaete derrière la ligne toute proche du canal de Beverdyk, qui sinue entre l'Yser et le remblai du chemin de fer fNieuport-Dixmude,

VII

A Dixmude, l'amiral Ronarch, sûr de ses fusiliers, sûr de la brigade Meiser, et au surplus goûtant depuis un jour un repos relatif, n'aurait aucun sujet d'inquiétude, si le fléchissement du centre de la bataille ne le menaçait de flanc et d'arrière. Si la ligne molle du Beverdyk peut tenir, tant mieux, mais on peut en douter. La ligne du chemin de fer, dès longtemps préparée pour un recul prévu, et aménagée comme retranchement définitif, protégera certes puissamment la route de Calais, mais laissera Dixmude singulièrement exposée. Il faut absolument, pour que la péninsule formée par la petite ville dans les vagues adverses ne devienne pas un îlot mal défendable, que les deux rives de l'Yser restent à nous, tout au moins jusqu'au premier coude au Nord de Caeskerke, — celui que jalonnent la borne 16, la ferme Den Toren et deux cylindriques thanks à pétrole, immenses moutardiers de zinc posés drôlement sur la berge à l'Ouest d'Oudstuyvekenskerke. Le 23 au soir déjà, l'amiral a pris ses dispositions avec le colonel Meiser

45

pour la surveillance et la protection des chemins d'accès de Dixmude. Et, dès le matin du 24, nos pelotons spéciaux et nos cyclistes ont quitté la tête de pont pour garder la bifurcation des routes de Stuyvekenskerke et de Pervyse. Les deux chefs ne tardent pas à s'apercevoir que cette protection ne suffira guère. Ils apprennent à la fois que Stuyvekenskerke vient d'être abandonné par les nôtres, que la 1re division d'armée a marqué un léger recul au Sud de Schoorbakke, enfin, — chose plus grave, danger plus proche, — que l'ennemi force le passage du fleuve à la borne 14 en face d'Oudstuyvekenskerke. Ce qu'ils voient ne tarde pas à confirmer la fatale nouvelle. De la gare de Caeskerke où se tient l'amiral, du moulin où le colonel a son poste de combat, ils assistent au spectacle de soldats affolés qui, jetant leurs sacs et leurs armes, refluent en grand nombre vers Oostkerke et Rousdamme. Les gendarmes, lancés au galop à leur rencontre, ne parviennent ni à les ramener au feu, ni à les arrêter. La panique gagne bientôt, à la borne 16, les fusiliers marins, qui protègent immédiatement Dixmude, dont les tranchées sont battues d'enfilade et qui, lâchant pied, fuient aussi en désordre vers le chemin de fer. Des fermes van de Woude et Den Toren débouchent les fantassins allemands en rangs pressés. Pour rendre plus difficile le ralliement des hommes désemparés, l'ennemi bombarde avec acharnement la plaine qui s'étend du clocher carré d'Oostkerke, qui brûle comme une grosse torche, au clocher pointu de Caeskerke, encore aminci par les flammes. Quoique, pour y retenir le plus de monde possible, le duc de Wurtemberg fasse mine de menacer

Dixmude qui s'émiette sous l'action de l'artillerie lourde, l'amiral, se démunissant hardiment de toutes ses réserves, envoie encore au Nord-Ouest, vers Oudstuyvekenskcrke, le 1er régiment de ligne, un détachement de fusiliers marins, deux bataillons du 2e chasseurs sous les ordres du colonel Sults, enfin le 1er bataillon du 11e de ligne que conduit l'intrépide commandant Decamps. L'arrivée au combat de ces réserves aguerries coïncide avec le début de la grande contre-attaque que tentent à l'Est de la boucle de Tervaete tous les contingens un peu mêlés dont le commandement belge dispose, et avec l'apparition, qui semble miraculeuse, au milieu d'eux, d'une éclatante brigade française, la 83e, qui renonce à l'offensive sur Ostende et se porte au centre, — il en est temps ! Vers ces soldats frais et alertes, vers ces camarades, vers ces amis les mains se tendent. Point de cris, — on est trop las pour acclamer, — mais des regards émus et fraternels, qui nouent entre ces hommes qui vont lutter et mourir ensemble, une affection immortelle.

Deux bataillons du 9e de ligne, deux du 1er chasseurs accompagnent la brigade française, débouchée comme eux de Pervyse, dans une charge générale vers Stuyvekenskerke. Les Allemands fléchissent un peu d'abord. Mais le combat, devient bientôt dur et lent et, tragiquement, s'immobilise. Le 8e chasseurs français est héroïquement décimé. En face de cette première aile marchante, c'est vers le même village de Stuyvekenskerke que, venant de l'Ouest, convergent des grenadiers, des carabiniers et le 10e de ligne, qui, furieux d'avoir dû reculer, attaque maintenant avec une folle intrépidité. Mais là aussi la lutte sanglante et indécise piétine le sol, ne marque que lentement notre avance. Au Sud, le groupe venu de Dixmude se jette en avant, se déploie à hauteur d'Oudstuyvekenskerke aux maisons duquel il s'accroche solidement, attaque la ferme Den Toren, rétablit définitivement les nôtres dans les tranchées de la borne 16. De Saint-Georges où le 5e de ligne contre-attaque, jusqu'aux abords de Dixmude, la bataille fait rage dans toute la demi-lune que dessinent l'Yser et le chemin de fer. De temps à autre, un mouvement se produit, des bataillons reculent, d'autres avancent. Un témoin note le courage éclatant de quelques compagnies du 10e de ligne qu'on voit courir résolument en ligne de pelotons dans la zone battue par la grosse artillerie, « les obus arrivaient en rafales, les hommes se couchaient instantanément, puis se relevaient et continuaient à avancer. C'était quelque chose d'admirable. » Mais en somme, si l'un des buts de l'offensive est atteint : contenir l'ennemi, — on ne parvient pas, comme on l'avait espéré, à le rejeter dans le fleuve. Le village lui-même de Stuyvekenskerke et la ferme Den Toren ne seront repris, — et pour quelques heures, — que le lendemain. Du moins, Dixmude est préservée désormais par le Nord. De la ferme Roode-Poort où elle se soude au remblai du chemin de fer, une ligne solide se constitue jusqu'aux tranchées et à l'Yser. Pour éclairer les soldats qui, pendant la nuit, fortifieront ingénieusement ce front, l'un des réservoirs à pétrole, touché par un gros obus, se penchera brusquement, tandis qu'une flamme gigantesque jaillira jusqu'au sommet du ciel, en un subit et vertigineux saut.

Les Allemands, au moins, ne perdent pas de temps. Se voyant barrer sur la rive gauche la route de Dixmude, ils vont lâcher sur la ville par la rive droite toutes leurs troupes disponibles. Furieux d'être contenus au Nord, en ce jour qui devait marquer leur victoire, ils ont juré du moins d'enfoncer la défense de l'Est. Déjà le matin, ayant vu sortir de la tête de pont les héroïques bataillons d'Oudstuyvekenskerke, ils avaient cru la ville dégarnie et avaient essayé, dans un assaut général, sa force de résistance. Malgré la furie de leur choc, ils n'avaient débordé nos tranchées que sur un point, où tout de suite le colonel Jacques avait en personne ramené ses hommes en leur disant ce simple mot : « Mes enfans, mes enfans ! un Belge tient jusqu'à la mort ! »

Ils s'étaient contentés alors, durant tout le jour, de préparer l'assaut du soir par un bombardement méthodique, régulier, scientifique. « Chacune de leurs batteries, raconte un officier, ayant fait choix d'un front à battre, l'arrosait d'abord par coups successifs de droite à gauche, puis de gauche à droite, ensuite les six coups partant simultanément venaient bouleverser l'ouvrage dans toute sa longueur. » Maintenant, l'artillerie se tait. Un silence affreux régnerait, si la tempête ne faisait la nuit plus affreuse encore. Il pleut obliquement. Quand les averses s'arrêtent, le vent, avec de brusques sautes, tourbillonne, siffle, bondit d'un bout à l'autre de l'horizon. Au fond du ciel sans lune, le galop des nuages noirs emporte des reflets de braise. Les élémens semblent voués à une colère infernale. Tout à coup, retentit un piétinement dans la boue gluante. Des régimens hurlans se précipitent au bord du canal d'Handzaeme, d'autres surgissent des prairies du Sud. Ce sont des troupes fraîches, hardies, décidées. Repoussées, elles reviennent. Elles reviennent, elles reviennent encore. Ruées sur ruées, tueries sur tueries. Parfois, de grands cris brefs précèdent l'assaillant aussitôt écrasé. Parfois, il se glisse en silence, se hisse sur les parapets, prend les nôtres à la gorge. Ce sont alors des corps à corps sans exemple. Pas un coup de feu. La baïonnette, le couteau, les crosses. Les torses s'étreignent, les doigts se nouent aux gorges. On voit luire des mâchoires. Les adversaires roulent à terre, se redressent, se lâchent, se reprennent. L'assaut s'achève par des pas en fuite dans les ténèbres. Ceux qui ont vu ces attaques sauvages dans l'ombre folle ont vu l'enfer. Ils ont triomphé de l'enfer : c'est vingt-six fois dans cette nuit du 24 au 25 que l'ennemi fut rejeté de Dixmude.

Le 25, toujours contenus au centre par la 83e brigade française, le 1er de ligne et le 2e chasseurs qui les attaquent de flanc avec vigueur, les Allemands poursuivent leurs efforts désespérés sur la tête de pont. Les minces réserves sont toujours employées sur l'autre rive. Ce sont les mêmes troupes que la veille, sublimes dans leur épuisement, qui vont rejeter les mêmes assauts : n'en ont-elles pas pris l'habitude ? Au-dessus d'elles, la même tempête se mêle au même bombardement ; mais celui-ci, négligeant aujourd'hui les tranchées, suffisamment démolies, s'acharne sur la halte de Caeskerke où se tient, impavide, l'amiral Ronarch, sur l'ancien moulin où travaille l'état-major de la brigade Meiser, sur la maison de Dixmude où s'est installé le colonel Jacques. Les murs s'écroulent, les toits se défoncent. Avec les éclats de briques et de tuiles, le vent et l'eau fouettent les visages. Il faut un courage surhumain pour rester sur place. Aux tranchées, les Allemands, comme effrités, viennent avec des effectifs de plus en plus réduits, à trois ou quatre, parfois seuls. Ils renouvellent les surprises d'hier. Comme hier, on les extermine à mesure. Soudain, un grand cri retentit du côté de la route d'Eessen : « *Les Boches ! les Boches !* »

Il est minuit. Tout un bataillon allemand, profitant de l'ombre opaque, a pu se réunir sans donner l'éveil derrière les maisons qui bordent la chaussée, un peu en avant de notre position. Tout à coup, il se précipite, têtes en avant, saute par-dessus notre tranchée peu garnie, ne s'attarde pas à riposter aux coups de feu qui l'accueillent, bouscule le commandant Decamps revenu là depuis quelques heures et qui décharge sur eux toutes les balles de son revolver, s'engouffre dans les ruines de la ville, atteint la grand'place où il fait, en courant toujours, de quelques isolés, des prisonniers, pousse ceux-ci devant lui vers le pont de l'Yser, où leurs appels donnent l'alarme, et où le lieutenant Pollet, sautant sur une mitrailleuse, les arrête un moment. Le capitaine français Marcotte de Sainte-Marie fait de même donner ses mitrailleuses. Affolée, dans l'entre-choc des corps, la queue de la colonne, soudain coupée, se disloque, fait volte-face, s'enfonce à nouveau dans l'ombre et les décombres., Mais déjà le reste du bataillon, major en tête, a débordé la défense du pont. Une audace folle, une sorte d'héroïsme infernal les animent et les saoulent. Ils ne se dissimulent plus, leur clairon sonne la charge, leurs cris montent, rythmant sauvagement te refrain de *Gloria ! Victoria* ! Le colonel Jacques, dont ils frôlent le poste de commandements heureusement éteint sa bougie : en face, un poste de secours français étant resté éclairé, le médecin et l'aumônier qui s'y trouvent debout devant la fenêtre sont renversés par dix coups de feu. Arrêté à Caeskerke par la barrière du passage à niveau, le bataillon sinistre s'engage au hasard dans les prairies. — « Où sont les batteries ? » demandent les Allemands à leurs prisonniers. Vingt fois, ils passent à quelques mètres des abris ; les prisonniers, — parmi lesquels se trouve le commandant Jeanniot, des fusiliers marins, — ne répondent pas. Ils paieront leur silence : on les massacre. A peine ce crime commis, le bataillon sera cerné par des soldats accourus en hâte de tous côtés, marins sortis de leurs tranchées, cyclistes, délégués, plantons, estafettes, cuisiniers, chauffeurs. Un court combat s'engagera, où presque tous les Allemands seront tués à la baïonnette ; le reste sera fait prisonnier. Plus de cent autres Prussiens seront retirés dans la journée du 26 des caves de Dixmude. Lorsque, à deux heures, les Sénégalais et un bataillon du 1er de ligne seront venus relever dans Dixmude les troupes du colonel Jacques, et qu'un obus tombant sur la maison où l'état-major s'installe aura enseveli sous les décombres une dizaine d'officiers, le génie en retirera avec ceux-ci, — dont l'un, le major Hougardy, aura les deux jambes coupées, — quelques hommes gris, dernier résidu de l'équipée de la veille, tapis encore, épouvantés, dans les ténèbres des souterrains.

Cet extraordinaire épisode du bataillon fantôme qui eût pu, en provoquant une panique, ouvrir la ville aux Allemands, avait laissé les défenseurs dans un calme parfait. Il marquait la fin de la journée la plus chaude de la bataille de Dixmude, celle qui, enfin, fut suivie pour nos hommes d'un peu de demi-repos. Le soir, les régimens de la brigade Meiser allaient cantonner, sous les obus, à Lampernisse. Quelques jours après, le Roi les passait en revue sur la grand'place de Furnes, leur décernait l'ordre de Léopold et baisait en pleurant la frange de leurs drapeaux.

VIII

Sur le reste du front de bataille, les journées des 25, 26 et 27 octobre marquent un temps d'arrêt. Les Allemands, malgré leur immense supériorité numérique, n'ont pu enfoncer nulle part notre petite armée épuisée. Si celle-ci, sous la pression formidable de l'ennemi, a dû reculer, sa nouvelle ligne n'est éloignée des lignes primitives que de quelques centaines de mètres. Si nos pertes sont formidables, eu égard aux effectifs engagés, — rien que le 25, dix mille blessés sont évacués vers la France, — les meurtrissures des corps allemands sont si saignantes qu'hésitant tout à coup, ils s'avouent, par leur immobilité même, à moitié vaincus. A quoi leur sert d'avoir passé l'Yser, si le petit Beverdyck, parallèle au fleuve, les arrête comme l'Yser lui-même, et si, au-delà du Beverdyck, ils peuvent voir le remblai du chemin de fer s'offrir aux Belges comme un sûr refuge ? Etonnés par la violence de nos coups, ils ignorent notre épuisement ; surpris de notre activité, ils nous croient plus nombreux que nous ne le sommes ; voyant nos uniformes mêlés, ils pensent que l'armée française, progressivement, nous relève. Ils ont entendu derrière nous les grondemens puissans d'une artillerie lourde toute neuve : les 120 français qui viennent renforcer notre centre. Ils ignorent que nos 75, qui ne s'arrêtent point pourtant, n'ont plus, à la 6e division, que cent soixante et un obus par pièce, à la 2e que cent obus, et quatre-vingt-dix à la 4e. Ils ignorent l'angoisse de nos artilleurs qu'aucun convoi ne vient ravitailler. Ils se demandent d'où viennent nos réserves, et quand ils voient déboucher des villages des régimens, tambours battans, qui accourent au feu, ils s'inquiètent de nous voir toujours des troupes fraîches. S'ils savaient d'où viennent ces renforts, quelle sorte de repos ils ont goûté, quelles fatigues ils ont endurées, ils ne voudraient point y croire. S'ils savaient comment on les a ressuscités, ils ne douteraient plus de notre victoire.

Un officier, témoin d'un de ces miracles, me l'a raconté bien souvent. Un soir, à Lampernisse, une brigade de chasseurs revient du combat. Elle a lutté depuis des jours.

Elle est en loques et en sang. A peine arrivés au village, les hommes tombent, assommés, sur la paille. Mais tout à coup un ordre arrive : « on a besoin d'eux, là-bas. Il faut partir, partir avant la nuit ! Le clairon les sort d'un sommeil de mort. Ils se lèvent hagards, insensibles, navrés. « Ce n'est rien, venez, c'est votre général, Bertrand, qui vient vous voir, vous passer en revue ! » Bertrand, — depuis la captivité de Léman, — commande la 3e division d'armée.. C'est un homme simple, énergique, sorti du rang, père de ses hommes. Devant Liège il chargeait à leur tête. Il s'est toujours exposé, sans compter, avec eux. Il a le secret de leur âme collective : il les aime. Et c'est lui qui, les voyant dormir, alors que le combat, de nouveau les appelle, vient d'avoir cette idée sublime : « En avant ! Pour défiler ! » Presque à tâtons, machinalement, les compagnies se sont formées. On a remis son sac au dos. On a ramassé le fusil encore tiède. On avance dans une ombre pâle où flotte une dernière clarté. Sur la grand'place du bourg, Bertrand est à cheval entouré de son état-major, lui aussi boueux, noir, déchiré. « Allons, mes enfans ! » crie-t-il. La musique passe en tête, puis s'arrête au bord d'un champ. Elle joue, redouble, reprend encore l'air des chasseurs, si déchirant, si nostalgique, avec, par à-coups et pour finir, des élans d'ivresse et de gloire. C'est toute la vie de la brigade depuis trois mois qui pleure, qui chante et qui crie, avec les déceptions, les fatigues, les colères, les combats, les assauts, la retraite, — l'espoir quand même ! Ce n'est pas seulement la lueur diffuse d'un crépuscule tardif qui auréole et pénètre les hommes, c'est aussi cette musique de cuivre qui les soulève et les transfigure. Ils défilent, bien rangés, pelotons par pelotons, tandis que, de sa voix paternelle et grave, leur général les interpelle : « Ah ! qu'ils sont beaux, mes chasseurs ! qu'ils sont beaux !… Vous êtes dignes de retourner au premier rang !… Ah ! les bons soldats ! la Patrie est fière de vous… Voyez, messieurs, ce sont les chasseurs, ce sont des braves !… Saluez-les !… Lieutenant, votre compagnie est superbe !… Venez ici, commandant, que je vous embrasse !… Bravo ! mes enfans, bravo !… Vivent les chasseurs ! » Et l'état-major et les assistans, avec des applaudissemens et des acclamations, reprennent, enthousiastes : « Vivent les chasseurs ! » « Moment inoubliable, m'écrit un lieutenant, où l'on sent vibrer en tout son être le souffle du sublime et la splendeur éternelle de l'âme dans l'idéal et le sacrifice…. J'ai pleuré, j'ai vu pleurer autour de moi les vieux colonels et les jeunes recrues dans cette communion émouvante… » Et le défilé se poursuit. Les torses se redressent, les jarrets se tendent, les yeux mouillés s'allument d'une flamme nouvelle. Électrisée, transportée, *recréée*, comme si c'était vers sa première bataille, la brigade part… Voilà le secret de notre force.

Les Allemands l'ignoreront toujours. Chaque fois que nous ploierons, ils se croiront vainqueurs ; chaque fois que nous rebondirons, ils nous jugeront renforcés. Le 25, quand, attaquant Nieuport par le Groote Nieuland Polder, ils subiront un sanglant échec, ils croiront nos forces doublées sur ce point et ne risqueront plus guère leur infanterie contre le mince rideau qui protège la ville. Le 26, quand, ayant amené leur artillerie lourde à Stuyvekenskerke ils auront pris d'enfilade la ligne provisoire du Beverdyck, nous voyant reculer lentement vers le chemin de fer, ils pousseront des cris de victoire ; quand, le 27, nous résisterons invinciblement sur nos nouvelles positions, ils arrêteront pour vingt-quatre heures leurs attaques, croyant devoir, pour nous égaler en force, amener sur nous toute leur armée.

Le remblai du chemin de fer a inspiré tout de suite aux Belges une inébranlable confiance. Il constitue une épaisse tranchée toute faite, ou il a suffi de percer des abris. La ligne, venant de Lombaertzyde, le rejoint au Sud de Nieuport, le suit pendant une dizaine de kilomètres, jusqu'à la ferme Roode Poort, devant Oostkerke pour regagner l'Yser. Les troupes s'y appuient dans l'ordre suivant, du Nord au Midi : 2e, 1re, 4e divisions belges, 83e brigade française, 5e division belge, 9e bataillon de chasseurs français. Au matin du 27, les Allemands tâchent de deviner notre densité et nos résolutions. Ils poussent une colonne sur le passage à niveau de la gare de Boitshoucke : le 4e de ligne la rejette. Ils attaquent la station de Pervyse où les grenadiers les reçoivent avec vigueur ; ils envoient des reconnaissances aux abords d'Oudstuyvekenskerke et vers les tranchées de Dixmude : elles sont chassées par notre feu. A dix heures du soir, une attaque générale qu'ils esquissent d'un bout à l'autre de notre front vient s'y briser. A

Lombaertzyde, la flotte anglo-française, encore une fois, prend sa part brillante du combat. On pressent que sur la nouvelle ligne que nous avons choisie, va se disputer bientôt, en une journée décisive, non plus fragmentaire, mais livrée d'un seul tenant, la dernière partie de la grande bataille. Un nouvel essai d'attaque générale échoue encore le matin du 28. Alors, pendant tout le jour, de Nieuport à Dixmude, l'infanterie disparaît, l'artillerie seule travaille. De la mer au Vrye Bosch, — la *Forêt libre* aujourd'hui violée et saccagée, — une formidable rangée de canons lourds aboie, rugit, gronde. Des tonnes de fer et de cuivre sont déversées sur notre front, où les soldats, accroupis dans la tranchée, ragent de ne pouvoir riposter, et rient, sous cette averse surhumaine, de vivre encore. Mais le remblai fait de billes de bois, de rails, de gazons et de cendres coagulées, résiste comme un rempart. Devant lui, derrière lui la terre bouleversée jaillit vers le ciel en mottes et en miettes, comme si le sol, secoué par une force trépidante, s'ouvrait à chaque instant en nouveaux cratères. Le champ de bataille est un vaste désert dont la terre tremble et se soulève. Pas un groupe humain, pas une ombre qui se meuve. Seuls, le long du canal de Furnes, quelques ouvriers, accompagnés d'un officier d'état-major, se glissent entre les obus vers les écluses de Nieuport.

Le jour où fut forcée la boucle de Tervaete, le commandant Nuytens a songé tout de suite au moyen suprême de salut : l'inondation. Défense classique dans nos pays de plaines basses et d'eaux lentes. Et sans tarder, il s'est mis au travail. En effet, si l'idée est simple, la réalisation n'en est pas facile. Il ne faut pas, sous prétexte de noyer l'armée allemande, noyer en même temps nos derniers cantons, Furnes et le pays des Moëres. Il ne faut pas déchaîner un élément dont on ne serait plus le maître. D'autre part, notre système d'écoulement des eaux est si délicat, si compliqué, si parfait et si fragile qu'il ne faut pas témérairement y toucher. Pour parer au premier danger, il s'agit de boucher tous les caniveaux et toutes les brèches du remblai du chemin de fer, afin qu'il devienne, comme l'Yser lui-même, qui coule, en son cours inférieur, au-dessus des prairies dans de hautes berges de terre, une digue imperméable et solide. Pour éviter le second péril, il faut immédiatement réaliser ce prodige : changer le régime des canaux. Tous en effet convergent vers le Beverdyck situé dans la zone qu'il faut isoler et noyer, et, si on ne leur assure pas un débouché nouveau, ils vont insensiblement gonfler et inonder nos cantonnemens, nos lieux de repos, nos derniers villages. En trois jours, sans que l'ennemi ait pu le soupçonner, les travaux ont été faits, les dispositions prises. Kogge, le vieux garde-wateringue, a donné les plus précieux conseils : grâce à lui, tout s'est fait sans encombre, chacun a bien manœuvré. Le 28 octobre dans l'après-midi, en quelques tours de levier, les vannes sont ouvertes. La mer va devenir notre alliée.

Ce n'est pas en effet l'Yser qui déborde ; ce sont les bassins maritimes du vieux Nieuport qu'on va vider à marée haute sur la plaine et qu'insensiblement de petites vagues molles, avec une insinuante et terrible douceur vont amener dans l'espace que nous avons délimité. Précaution peut-être inutile, si notre victoire est prochaine ; protection nécessaire, aide désespérée, si la bataille doit durer plusieurs jours encore. L'armée est au bout de ses forces et de ses ressources. Seul l'enthousiasme des hommes les tient encore, mais il est si haut, si exaspéré, si peu alimenté de réalités exaltantes qu'il peut, tout d'un coup, casser. Les chefs le savent. Ils regardent avec angoisse l'eau qui approche, sûrement, — mais si lentement !

L'Allemand la voit aussi venir. Elle n'a encore franchi dans la première journée qu'une centaine de mètres que déjà il s'en affole. Vaincre ! Vaincre tout de suite ! avant que cette aide effroyable et silencieuse ne nous arrive. Il a d'autres raisons encore pour frapper le grand coup. L'offensive du général d'Urbal ne cesse de progresser au Sud-Est de Dixmude. Bientôt il menacera le flanc de l'agresseur, si celui-ci n'en finit pas vite. Et puis, l'Empereur est là !

Il est arrivé le 28, théâtral dans sa fausse simplicité, impératif, le front chargé comme s'il portait avec lui le secret de Dieu. Il a donné l'ordre d'ouvrir sous ses yeux la route de Calais, la route de Londres ! Il faut en finir avec l'armée belge, avec la Belgique. Il faut déborder, en un formidable élan, la mince barrière de nos poitrines. Il faut terminer immédiatement cette bataille de l'Yser, — cette bataille à cinq contre un, au cours de laquelle la plus forte armée du monde a pris douze jours pour avancer, en moyenne, d'un kilomètre. Le 29 à l'aurore, avec la diane des canons, les clairons, les trompettes et les fifres déchirent l'air à l'horizon.

C'est la même tactique que les jours précédens : attaques locales sur les points jugés faibles, puis attaque générale destinée à emporter tout. La 1re division reçoit le premier choc entre les gares de Boitshoucke et de Pervyse ; le 4e de ligne repousse en une sanglante mêlée un furieux assaut d'infanterie. Celui-ci se renouvelle au milieu du jour, appuyé cette fois d'une attaque parallèle sur nos positions d'extrême droite. Au centre, il faut aux 3e et 4e de ligne trois heures d'un combat sans nom pour rejeter la terrible ruée, qui sans cesse se renouvelle, s'intensifie, pour se briser enfin. A droite, le 151e d'infanterie français, aidé d'une partie de la 2e division belge, se couvre de gloire et reste maître du terrain. Le soir, l'ordre du jour impérial est lu aux armées allemandes : le choc général va se produire d'Arras à la mer. Le canon ne se taira pas avant la victoire ou la défaite… L'inondation, qui, déjà, atteint presque la route de Saint-Georges à Ramscapelle, inquiète de plus en plus l'état-major allemand, dont les ordres se font fébriles et se multiplient.

Le jour n'est pas encore levé que l'infanterie ennemie apparaît. Elle se multiplie, se tasse, se serre. Sur des lieues et des lieues, elle s'avance, se couche, se relève, déferle enfin. Belges et Français, de leurs tranchées, ou sautant hors de leurs tranchées, tirent, tirent sans repos. Ils ne cèdent pas. Un craquement pourtant se produit. Devant

Oudstuyvekenskerke, les Allemands arrivent au chemin de fer, ils s'acharnent, ils montent, ils vont passer. Une énergique secousse les renverse, une dure poursuite leur fait quelques centaines de prisonniers. Sur le front du 10e de ligne, les Prussiens, qui se sont tenus silencieux dans les fossés, — où déjà un peu d'eau saumâtre s'avance, — surgissent soudain dans un moment d'accalmie. Terrifiés et décimés, ils regagnent bientôt leur abri. A Ramscapelle, où la menace de l'eau est visible, pressante, sans rémission, la conscience du danger décuple la force des assaillans. Ils se précipitent, hurlans, avec des grenades à la main. Les soldats des 5e et 6e de ligne, au milieu des cris et des râles, résistent de leur mieux. Mais, à la faveur de la mêlée, des mitrailleuses ont pu arriver sur le talus même qui les protège, et prennent d'enfilade leurs couloirs. Des hommes tombent par dizaines. Les autres, dans un mouvement subit, évacuent leurs abris, ouvrant une brèche dans nos défenses. Les bataillons allemands, follement lancés, passent au-dessus du talus et entrent dans Ramscapelle !

Leur orgueil est sans mesure. Au-delà du remblai qu'ils viennent de dépasser, il n'y a plus jusqu'à Dunkerque qu'une plaine vide, sans obstacles sérieux, sans lignes préparées. Furnes, que cachait jusqu'ici la muraille de gazons, apparaît dans sa miraculeuse beauté comme une ville de la Terre Promise, légère et fine, presque divine, si claire qu'elle fait presque partie de l'air et de la lumière, si proche qu'il semble que, pour l'atteindre, il suffise d'étendre les bras. Une avance d'un kilomètre d'ailleurs sur le chemin de Furnes, c'est Nieuport cerné, notre défense prise à revers, notre armée coupée, fuyante ou prisonnière, l'Yser définitivement conquis, Dixmude surprise, la bataille gagnée tout d'un coup. Et qu'importe l'eau qui monte, si, par cette écluse soudain percée à la pointe des baïonnettes, l'armée allemande tout entière se répand au galop dans la plaine convoitée, comme un flot qu'on n'arrêtera plus !… Voilà les compagnies, et puis les compagnies qui s'engagent vers l'église et les champs, avec des cris de victoire.

Mais les nôtres se sont ressaisis. L'ennemi n'a pas encore rempli tout le village de ses masses déferlantes qu'ils le cernent déjà ! Et, par tous les chemins accourent les quelques renforts qu'on a pu alerter. C'est le 16ᵉ bataillon de chasseurs français, c'est un bataillon du 14ᵉ de ligne, un autre du 7e, ce sont deux bataillons de tirailleurs algériens. Et des zouaves, de beaux zouaves à la peau tannée, aux jarrets solides, au redoutable mordant. Un premier assaut qu'ils tentent tout de suite sur Ramscapelle échoue, sans diminuer leur ardeur. Un autre s'organise méthodiquement, et, dans l'après-midi, concentrique, il se déclenche. Du Nord, parallèlement à nos tranchées, avancent les débris du 6ᵉ de ligne ; du Sud, les soldats des 5e, 7ᵉ et 14e. De l'Ouest enfin, débouchant de la ferme Noordveld, petits, penchés, têtus, nerveux, les zouaves, les tirailleurs et les chasseurs.

Pour recevoir leur choc pressé, le village s'est déjà fermé comme un bastion, hérissé de fusils, de mitrailleuses, de casques à pointe. Ils ne s'arrêtent point : ils ont juré de passer, ils passeront ! A quatre heures, ils ont déjà conquis, en de furieux corps à corps, une vingtaine de maisons à l'Ouest du bourg. Au milieu de la nuit, ils atteignent le cœur du village. Au matin, les Allemands, lâchant pied, perdent la longue rue qui de l'église va tout droit vers la gare. Les Français les poursuivent, le fer dans les reins. Le 31, à neuf heures, enfin, le 14e de ligne réoccupait les tranchées du chemin de fer, encombrées de morts : devant la poussée victorieuse des Franco-Belges, la 5e division allemande, celle qui avait cru tenir la victoire, cédait sur toute sa longueur, avec de l'eau jusqu'aux chevilles. Les autres reculèrent comme elle. Si les Allemands avaient tenu un quart d'heure de plus, peut-être passaient-ils partout… Une fusillade les poursuivit, qui se propagea comme un éclat de joie farouche. Certaines de nos batteries, pour saluer leur départ, tirèrent sur leurs derrières leur dernier obus…

Cependant l'inondation montait, plus invincible encore et implacable dans sa toute-puissante lenteur. Elle s'étendait, en immense nappe doucement mouvante, de Nieuport à Saint-Georges, de Saint-Georges à Ramscapelle. Elle gagnait Pervyse. Elle venait sans bruit, remplissait les canaux bientôt débordés, nivelait les fossés, les chemins, les trous d'obus. Elle glissait, s'insinuait, s'infiltrait. Elle était la conquérante silencieuse et d'abord presque invisible. L'eau sourdait du sol pénétré ; de mystérieux caniveaux la dirigeaient par-dessous les routes et les digues. Elle entourait des îlots de terre, d'où des groupes surpris fuyaient, mouillés jusqu'aux genoux. Elle clapotait au long de la tranchée, patiente et narquoise. Elle venait de l'horizon, elle gagnait les horizons. Elle semblait monter du fond de la terre et du bout du monde. Elle était notre amie, notre protectrice, notre muette tranquillité. Elle ne nous donnait pas la victoire : elle assurait la permanence de notre victoire.

Par les chemins surélevés qui, dans ces pays humides, dominent toujours les prairies ; par ces chemins qui semblaient, au milieu des eaux, de mystérieuses jetées rectilignes, les Allemands en désordre regagnaient la rive gauche de l'Yser. Ils n'avaient eu le temps de relever ni leurs blessés, ni leurs morts ; ils abandonnaient des fusils, des batteries, des mitrailleuses, du matériel que l'eau recouvrait dédaigneusement, haussant à mesure son baiser lent et froid des lèvres des cadavres à la gueule des canons. Eau glacée, où le sang se dissolvait dans la boue, et qui accrochait aux troncs d'arbres, doucement étreints, de longs filets rouges et noirs ; eau muette, qui étendait sur les champs de carnage l'immobile majesté du silence ; eau saumâtre, grossie par les hautes marées, et unissant ainsi, contre les envahisseurs du sol sacré, tous les élémens et toutes les forces, l'onde et le feu, — la terre et la mer !

Le soir du 31 octobre, les ennemis ne tenaient plus sur notre rive que Saint-Georges, la ferme de Groote Hemme, en face du pont de Schoorbakke, les fermes Den Toren et van de Woude et les carcasses cylindriques des thanks à pétrole. Ils avaient évacué tour à tour Stuyvekenskerke, Oudstuyvekenskerke et Vicogne. Dixmude restait au pouvoir des fusiliers marins et des Sénégalais ; les ponts de

Nieuport, clef de l'inondation, n'étaient plus menacés. Le Kaiser, dépité, avait quitté la Flandre maritime et était allé devant Ypres, — y porter sa chance !

Sur quarante-huit mille hommes qu'elle avait pu, dans un va-tout héroïque, opposer à l'envahisseur, l'armée belge en avait perdu, — tués, blessés, perdus, prisonniers, malades, — dix-huit mille. Certains de ses régimens étaient presque anéantis. Un nombre immense d'officiers étaient hors de combat. Mais la route de Dunkerque était fermée. Mais un coin de la Belgique était inviolé. Et la victoire belge, pour ne pas bondir en avant, pour être une victoire sur place, n'en était pas moins une victoire.

Le 1er novembre, en gagnant à l'arrière leur cantonnement de Loo, quelques régimens passèrent, sur la route de Caeskerke à Oudecapelle, devant la vieille chapelle votive de *Troost en Nood*, — Consolation dans le besoin, — dédiée à Notre-Dame de Bon-Secours, et respectée jusqu'alors par les obus. Ils remarquèrent pour la première fois un ancien bas-relief de pierre bleue, encadré dans l'humble fronton. Il représentait un bandit aux formes colossales, dont la Vierge retenait impérieusement le bras, au moment où il allait, par derrière, poignarder un jeune chevalier au repos.

PIERRE NOTHOMB.

1. ↑ J'ai utilisé pour écrire ces pages, outre des documens officiels inédits, le Rapport du commandement de l'armée belge publié récemment, des souvenirs personnels, des lettres d'officiers et de soldats, des récits qui

m'ont été faits dans les tranchées. J'ai recouru souvent à la documentation sûre et substantielle de l'auteur anonyme d'éloquentes Pages de Gloire parues naguère dans le *Courrier de l'armée belge* et réunies ces jours-ci en brochures par l'éditeur Berger-Levrault.